供应链管理专业协会（CSCMP）
［美］ 马修·沃勒（Matthew A. Waller） 著
特里·埃斯珀（Terry L. Esper）
罗小七 译

供应链与库存管理

库存控制、流转与绩效评估

人民邮电出版社
北京

图书在版编目（CIP）数据

供应链与库存管理 ：库存控制、流转与绩效评估 / 美国供应链管理专业协会（CSCMP），（美）马修•沃勒，（美）特里•埃斯珀著 ；罗小七译. -- 北京 ：人民邮电出版社，2020.11（2024.3重印）
ISBN 978-7-115-54201-4

Ⅰ. ①供… Ⅱ. ①美… ②马… ③特… ④罗… Ⅲ. ①供应链－库存－仓库管理 Ⅳ. ①F253

中国版本图书馆CIP数据核字(2020)第107214号

版权声明

内 容 提 要

本书是规划、实施和优化世界级库存管理实践的完整指南，汇集了新的策略和决策，帮助读者掌握并应用多个库存管理岗位所需的技能。

全书涵盖了计划、设计、控制和协调库存管理的各个方面，包括长期战略决策、中期战术决策，甚至短期业务决策。通过本书，读者将掌握有效库存流的建立原则，了解技术在库存计划与管理中的应用，并学会评估库存管理绩效的最佳做法。

本书内容集系统性、理论性、可操作性于一体，为读者提供全景化视角、洞见和解决方案，适用于所有与库存管理和相关流程有关的从业人员和学生。

◆ 著　　　［美］供应链管理专业协会（CSCMP）
　　　　　马修•沃勒（Matthew A. Waller）
　　　　　特里•埃斯珀（Terry L. Esper）
译　　　罗小七
责任编辑　马　霞
责任印制　周昇亮

◆ 人民邮电出版社出版发行　北京市丰台区成寿寺路11号
邮编　100164　电子邮件　315@ptpress.com.cn
网址　https://www.ptpress.com.cn
涿州市京南印刷厂印刷

◆ 开本：700×1000　1/16
印张：15.75　　2020年11月第1版
字数：180千字　　2024年3月河北第10次印刷
著作权合同登记号　图字：01-2019-7547号

定价：79.80元

读者服务热线：(010)81055296　印装质量热线：(010)81055316
反盗版热线：(010)81055315
广告经营许可证：京东市监广登字20170147号

这本书谨献给我的妻子苏珊（Susanne），我时常觉得自己配不上她，她却从不这么认为。

也献给我的孩子索菲娅（Sophia）、格兰特（Grant）、卢克（Luke）和萨拉（Sarach）。

——马修·沃勒

这本书谨献给我的妻子美智（Mishi），多亏了她的支持，我才能心情舒畅地做学术研究。

同样也献给我的同事兼导师和朋友——约翰·汤姆·门泽尔博士（Dr.John Tom Mentzer），时至今日，我仍会向他学习并寻求建议。

——特里·埃斯珀

关于作者

马修·沃勒教授是供应链管理课程的讲席教授，阿肯色大学山姆·沃顿商学院供应链管理系主任，也是 Orchestro 公司的首席数据科学家。他在 1994 年加入了沃顿商学院，是行业领先的学术周刊——《物流商业周刊》的主编。以下是他取得的专利：Waller, M.A. and Dulaney, E. F. System, Method and Article of Manufacture to Optimize Inventory and Merchandising Shelf Space Utilization, Patent No.US 6,341,269 B1.Date of Patent: January 22, 2002。《金融时报》曾刊登过他的文章。沃勒教授是 SEC 学术领导的发展对象，他的研究发表在 *Journal of Business Logistics*、*Production and Operations Management Journal*、*Journal of Operations Management*、*Decision Sciences*、*International Journal of Logistics Management*、*European Journal of Operational Research*、*Journal of the Operational Research Society*、*Transportation Journal* 等刊物上。他还取得了密苏里大学工商管理学的最优等学士学位、宾夕法尼亚州立大学的理科硕士和博士学位。

特里·埃斯珀博士是阿肯色大学山姆·沃顿商学院教授，物流课程的奥伦·哈里斯讲席教授（Oren Harris Endowed Chair），也是供应链管理课程的副教授，同时还担任沃顿商学院供应链管理研究中心的执行理事一职。埃斯珀在田纳西大学、旧金山大学和维罗纳大学（意大利）任教，他在前沿学术期刊和杂志上发表了多篇与供应链关系和战略供应链管理问题相关的文章。此外，埃斯珀还是供应链管理专业委员会教育战略委员会的成员、健康和个人护理物流会议的教育顾问、the Journal of Supply Chain Management 的副主编。他取得了阿肯色大学山姆·沃顿商学院运输和物流专业的工商管理硕士以及市场营销与物流专业的博士学位。在开启学术生涯之前，埃斯珀在贺曼贺卡（Hallmark Cards）公司担任运输经理，也曾在阿肯色州立高速公路运输部的研究和全州规划部门任职。他曾 3 次获得德怀特·戴维·艾森豪威尔奖学金（the Dwight D. Eisenhower Transportation Fellowship），还参加过 Eno 未来领袖发展大会。

供应链管理专业协会（Council of Supply Chain Management Professionals，CSCMP）是一个致力于进行供应链管理研究，推广研究成果和供应链管理相关知识的专业协会。CSCMP 有来自 75 个国家和地区的 105 个圆桌分会，其会员的职业领域覆盖政府、学术界和各个工业部门，会员均为物流和供应链管理领域具有影响力的从业者和专业人士。CSCMP 由选举产生全球领导小组，总部位于美国伊利诺伊州的芝加哥。

推荐序一

从认识与操作两个层面去创新供应链

什么是供应链？根据2012年《物流术语》国家标准，“供应链是生产与流通过程中，为了将产品与服务交付给最终用户，由上游与下游企业共同建立的网链状组织”；在2017年国务院办公厅颁布的《关于积极推进供应链创新与应用的指导意见》中，“供应链是以客户需求为导向，以提高质量和效率为目标，以整合资源为手段，实现产品设计、采购、生产、销售、服务等全过程高效协同的组织形态”。这两种定义是一致的，从网链状组织到组织形态、商业模式和治理结构，定义有了提升。国外研究者对供应链的定义更多，但大同小异。

中国供应链的发展，我认为要从认识与操作两个层面去促进。毛主席在《实践论》中有一个精辟论断：“感觉只解决现象问题，理论才解决本质问题。”他还引用别人一段话：“理论若不和革命实践联系起来，就会变成无对象的理论，同样，实践若不以革命理论为指导，就会变成盲目的实践。”理论来于实践，又反作用于实践。不解决供应链的认识问题、理论问题，就会变成盲目的供应链实践。

对供应链的认识我认为主要是三个方面：一是供应链的本质是什么；二是供应链与物流是什么关系；三是供应链对推进国民经济发展以及经

济全球化起什么作用。

帕拉格·康纳（Parag Khanna）在《超级版图》一书中有句名言："供应链大战的目的不在于征服，而是要与世界上最重要的原材料、高科技和新兴市场建立起物理和经济上的联系。21 世纪，谁统治了供应链，谁就统治了世界。" 2012 年，美国政府签发了《美国全球供应链国家安全战略》，把供应链上升为国家战略。2020 年，新冠肺炎疫情在全球蔓延，对世界经济发展造成巨大冲击，习总书记说："确保全球供应链开放、稳定、安全。"这些充分体现了供应链的地位与作用，这种体现企业、产业、城市、区域与国家竞争力的软实力无可替代。

如果说 2005 年美国物流管理协会（Council of Logistics Management，CLM）更名为供应链管理专业协会（Council of Supply Chain Management Professionals，CSCMP），标志着全球进入供应链管理时代，那么 2017 年国务院办公厅颁布的《关于积极推进供应链创新与应用的指导意见》，标志着中国进入了现代供应链新阶段。

2018 年，《财富》（*Fortune*）杂志公布的世界 500 强企业中，前 25 位有 5 家中国企业，前 100 位有 22 家中国企业，但由高德纳（Gartner）公司每年公布的全球供应链 25 强企业中，中国没有一家，在 100 强排名中，中国企业只有 3 家，即联想（第 26 位）、华为（第 35 位）、海尔（第 41 位）。在供应链管理领域，中国还有很大进步空间，我们刚刚起步，必须奋起直追。

追赶需要落实，需要创新，实践就要提上议事日程。从国家层面，266 家供应链试点企业、55 座试点城市以及多个产业部门进行了积极探索，取得了阶段性成果。从市场层面，许多企业从实际出发，推进供应链的应用与创新，总结了不少典型模型。但从总体上讲，一些企业没有"上道”，过于浮躁，缺乏总体设想，片面地追求不切实际的目标。

供应链管理的理想模式是生产企业和物流企业形成长期、稳定的供应链伙伴关系，企业将物流作为生产能力的一部分。从原材料采购、生产制造、成本控制、交付到维修回收，企业采用一体化的供应链管理流程。标准的流程才可能降低总体供应链管理成本，提高投资回报率。目前国际上主流的供应链管理流程有 SCOR 模型、CSCMP 流程标准与全球供应链论坛提供的供应链流程。

CSCMP 作为全世界公认的物流和供应链领域内权威的专业协会之一，提出了《供应链管理流程标准》第 1 版和第 2 版，将供应链流程划分为计划、采购、制造、交付和回收 5 个基本结构。在 5 个基本结构的基础上，增加了一个执行的流程，总共 6 个部分。每个主要流程都包括了很多次级流程。

由人民邮电出版社出版的供应链系列图书，充分体现了这个标准流程的 6 个部分。这套丛书是国际供应链专家的经验之作，代表了当代供应链理论与实操的较高水平，对提升中国企业供应链管理水平将起到很好的作用。我们要特别感谢 CSCMP 中国圆桌会协助引进这套教材，要感谢所有参与翻译、审校的各位专家，他们付出了大量的心血。

中国经济正处于转型发展阶段，而企业是国民经济的“细胞”，没有企业的转型发展，特别是制造业的转型发展，就没有国家的转型发展。打造一个开放、稳定、高效、绿色、安全的弹性供应链，关系到国家的安全。

丁俊发

中国知名流通经济学家、资深物流与供应链专家

享受国务院特殊津贴

推荐序二

时代变革与供应链管理者的使命

从电商到新零售，从贸易摩擦到抗击新冠疫情，供应链管理正在走向舞台的中央——供应链管理者角色与使命从来没有像今天这么重要。当供应链管理上升为国家战略，当供应链管理成为新的职业，供应链管理者的时代已经来临。

如何成为好的供应链管理者？如何找到最佳知识源泉？哪一种知识体系最权威？你选择的路径决定你的出路——你不能走错路重来，否则那时候你会发现已经远远地落在了别人后面。CSCMP 参与组织引进的这套书，为你指引了方向。

过去 20 多年的时间里，我所做的一项重要工作，就是引入美国的供应链内容资源与知识体系。

几年前，我也曾在国内高校供应链课程建设研讨会上讲述美国的物流与供应链教育。

从 2000 年起，我坚持每年去美国参加全球物流年会。2005 年，美国的物流管理协会更名为供应链管理专业人员协会（简称供应链管理专业协会），标志着全球物流进入供应链时代。这件事大家可能已经听过很多次了。2004 年 9 月 24 日在北京举办的第五届中国国际物流高峰会上，我发表了“时代变革与物流的使命”主题演讲，在今天看来，我当年的观点仍然不过时。

2004 年发表演讲时，我已经知道 2005 年美国物流管理协会要更名。2005 年的全球物流年会是在美国加州的圣迭戈举办，主题为“追赶供应链浪潮”，讨论的核心是物流全面拓展到供应链管理领域。之后的事情可能大家都知道了。2006 年，CSCMP 推出《供应链管理流程标准》，2007 年清华大学出版社出版了由我牵头翻译、校对的中文版。到撰写这份推荐序时，《供应链管理流程标准》第 2 版的中文版也即将付印、出版了。这两版流程标准，成为供应链管理知识体系的核心。

中国进入供应链时代，是以 2017 年国务院办公厅颁布的《关于积极推进供应链创新与应用的指导意见》为标志的，这说明供应链已上升为国家战略。国家对供应链这一领域越来越重视，至今相继颁布了相应的文件来促进中国供应链快速发展，以达到国际水准。

任何行业的发展，都需要有专业知识和技能的人来推动。2019 年 9 月 23 日，在美国洛杉矶安纳海姆举办的全球供应链峰会上，会长兼首席执行官瑞克 · 布拉斯根（Rick Blasgen）在开幕式上说，美国供应链就业人数 4,400 万人，占整个就业人口的 37%。可见供应链对整个美国经济的重要性。

在供应链上升为中国国家战略之后，供应链人才的供给已经远远跟不上需求的步伐了，供应链人才培养的问题也提上了日程。2020 年 2 月 25 日，人力资源和社会保障部、国家市场监督管理总局、国家统计局联合向社会发布了 16 个新职业，其中就包括供应链管理师这一职业。

无论你是现在准备进入供应链领域，还是已经在供应链某一垂直领域的岗位上，都需要选择一个合理的路径，采用科学的方法学习和进行职业训练，使自己能够快速地在供应链领域中成长，迅速达到国家职业标准，同时还要争取成为国际化的供应链管理者。

要成为国际化的供应链管理者，就要获得国际化的知识资源。一个人成功的速度，取决于学习的能力和速度。在知识爆炸的时代，在数字化时代，计算机这种“超级大脑”一秒钟就可以读几百万本书。但是，个人却不能快速地把需要的知识转化为自己的本领。所以，选择知识体系很重要。

今天，CSCMP 确实已经成为全球物流和供应链领域中最有影响力的组织之一。协会是全球供应链思想领袖汇聚的平台，处于定义产业、引领方向的地位。从协会给专业人员提供的支持和服务来看，CSCMP 的宗旨说明了一切：教育和连接全世界供应链管理者。《供应链管理流程标准》给出了包括计划、采购、制造、交付、回收（退货）、执行在内的 6 个部分的标准架构，但没有涉及各个部分的深入分析。人民邮电出版社出版的这套供应链丛书，覆盖了供应链管理中计划、采购、生产、运输等核心流程模块，也包含了丰富的全球企业案例，保证了内容的全面性和专业性。这套丛书，是美国注册供应链管理师 SCPro 项目配套的教材。这套丛书的引进，为中国的供应链管理者掌握国际化的知识体系提供了权威的工具。

CSCMP 会长兼首席执行官瑞克·布拉斯根在 2005 年就曾说过：“这是一个成为供应链管理者的伟大时代。”

当你立志成为一个供应链管理者，那剩下的事就是如何发展你的事业，绽放你的人生。

知识获取需要平台，事业的发展也需要平台。CSCMP 实际上就是我获益最多的知识获取平台和事业发展平台。CSCMP 在全球 75 个国家和地区拥有 105 个圆桌分会，由 8,500 多名物流与供应链领域专业人员构成，最具有代表性的活动是每年举办的全球峰会。峰会每年至少有三四千名来自全球的物流与供应链领域专家、学者以及企业高管参加，他们齐聚一堂，探讨和交流供应链前沿趋势。CSCMP 是知识源泉，也是信息源泉。CSCMP 的专业资讯平台包括供应链管理通信、供应链实时热点、物流年报、美国商业物流杂志等。我在自学的同时也会参加行业活动，包括沙龙、培训以及会议等，这样不仅可以提升我的人际交往能力和沟通能力，同时还可以拓展我的职业网络。

万丈高楼平地起，要想攀升到事业的巅峰，我们需要找到事业发展的阶梯。我希望这套丛书能给大家提供好的内容资源，且每个供应链管理者也都能利用好协会这个宝贵的资源平台。

人生路漫漫，通向成功的路不止一条。外国人说，条条大路通罗马；中国人说，条条大路通北京。成为供应链管理师的路可能不止一条。我相信知识溢出效应，在前人的基础上前行，总能加快我们学习的速度，提升我们学习的效率。

王国文　博士

中国（深圳）综合开发研究院物流与供应链管理研究所所长

CSCMP 中国首席代表

推荐语

作者运用与众不同的前瞻型视角和回顾型视角阐述了库存管理的概念及需求预测的不确定性，深入浅出地阐述了库存管理和预测之间的联系及各种应对方式。这的确是一本集系统性、理论性、可操作性于一体的库存管理实践的权威指南。

王保华

原芬兰 ElcoteQ 集团、原海尔集团副总裁

中国物流学会常务理事

中国供应链的发展正处于从“自发”走向“自觉”的阶段，从业者急需一套与实践紧密结合的系统性理论指导体系。这本书构建了库存管理底层知识结构和方法，能够帮助从业者有效搭建全局性供应链知识应用框架，非常值得阅读和学习。

秦璐

北京交通大学物流工程系副主任

中物协（北京）物流工程设计院副院长

不管是原材料、在制品，还是成品，库存水平一直是供应链领域的重要指标。很多企业在长期与库存“作斗争”的过程中总结和获取了大量经验和教训，同时也探索和形成了一些技术和方法。这本书对库存基本概念、库存类型、库存控制方法、预测流程等作了系统介绍，是一本理解和实践供应链库存管理的好书。

曾江辉

中国航空综合技术研究所研究员

供应链库存管理是将传统库存管理理论与现代供应链系统相结合，从系统角度，通过数字技术与数学模型分析实现供应链库存平衡的机制，即从点到链、从链到面、从面到体的数字化和立体化的新形态的库存管理方法，旨在帮助企业有针对性地消除供应链薄弱环节，实现供应链系统的总体平衡。

新基建背景下，我国供应链创新发展将进入全新局面，这本书从供应链系统与库存协同、平衡的全新角度，推动我国供应链库存管理理论发展与人才培养，具有重大意义。

吴菁芃　博士

北京科技大学物流研究所研究员

中国仓储与配送协会特聘专家

目录

01 库存及库存管理概述

02 库存管理基础知识

03 库存控制方法

04 库存管理和需求预测之间的联系

05 库存流程的离散事件的仿真分析

06 其他库存管理流程和概念

07 管理供应链库存流的方法

08 评估库存管理绩效的关键指标

致谢

01

库存及库存管理概述

供应链管理专业协会（CSCMP）曾在 2013 年 6 月发布了其年度物流状况报告，该报告包含多个与物流相关的趋势及数据分析，提供了物流领域新出现问题的简要说明，并可作为公司供应链活动基准测试的来源。报告讨论的一个主要问题是库存趋势。该报告指出，2012 年零售、批发和制造业的库存量均呈上升趋势，其中，零售业的库存量上升 8.3%，是批发业的 2 倍有余、制造业的 6 倍有余。此外，库存相关费用也呈上升趋势，其中，库存持有成本增加了 4%。然而，并不是所有的库存都能流动，在 2012 年下半年，零售业产生了大量的库存堆积。正如这份报告所指出的，库存是评估供应链和物流活动整体健康程度的一个重要指标。在过去的 20 年里，提升供应链管理的效率和执行效果已经成为大多数公司的一个核心战略目标，越来越多的高层管理人员也开始关注库存相关费用和指标。减小库存已经成为普遍要求，众多的供应链和物流专业人士表示，提高物流效率已经成为其所在组织的一种文化和思维模式。强调了这么多，我们认为，有必要在本书的开头介绍库存的基本概念和核心概念。让我们以一个问题开始：什么是库存？

什么是库存

什么是库存[1]？这似乎不是一个问句——因为这个问题的答案是显而易见的。但实际上，库存是十分有趣、充满吸引力且容易被误解的一个商业现象。误解产生的根源就是库存有着多方面的含义。因此，接下来我们将给出来自不同视角的库存定义。

GAAP 视角的库存定义

财务会计准则框架——美国通用会计准则（Generally Accepted Accounting Principles，GAAP）将库存定义为流动资产。该准则指出，库存代表了“在一般商业活动中持有待售的、为了出售而正处于生产过程中的或正在生产过程中被消耗的一种有形个人财产业务”。换句话说，库存（形式可能为“在制品”“原材料”或“成品”）是一种资产，因为它代表了一种即将转换为收入的财产，毕竟库存的最终目标是推动公司的销售。学了会计基础课程的人就会知道，可以在资产负债表上把库存记录成以货币为单位的流动资产。

几年前，一位大学生向本书作者之一提出了一个很有意思的问题：“如果库存是资产，为什么那么多公司还要发起减少库存的倡议呢？”这个问题凸显了库存让人迷惑的本质。没错，根据 GAAP 的定义，库存是一种资产，因为它代表潜在收入。然而在库存管理中，它的定义是“一种带着价格标签的资产”。这解释了库存为什么是一种有趣的商业现象——库存管理是一种经常被视为负债的资产的管理之道。供应链中众多评估库存的指标可能是整个供应链中最重要的指标，因为它们反映了供应链的效率。

供应链管理效率视角的库存定义

供应链管理的最主要目标之一就是确保公司内部和跨公司运营活动

的高效。在很多时候，是否高效的关键就在于库存；更确切地说，在于减少库存。考虑到这一点，库存经常被视为高效供应链管理的阻碍之一。供应链经理知道库存的必要性，他们都遵守一个不成文（更多情况下是成文）的规定，就是将库存维持在最低限度。这个说法催生了许多今天被广泛使用的供应链管理框架：JIT 库存管理法（Just–in–Time Inventory Management）、精益库存（Lean Inventory），甚至还包括一些合作倡议，比如协同计划、预测和补货（Collaborative Planning, Forecasting and Replenishment，CPFR）。总体而言，这些倡议都是为了尽可能地精简整个供应链的库存，并将库存维持在一个尽可能低的水平。

库存投资的概念或许可以解释为什么供应链经理力图减少库存，因为库存相关的投资成本可能会十分高昂。本书在后文中会进一步阐述相关成本问题，现在只需知道，这些成本包括用于购买、持有（包括投资到库存中的）和管理库存的现金支出。考虑到这一点，实施一定的管理方法来将库存保持在一个尽可能低的水平，并不是因为库存本身，而是因为钱——那些被库存套牢的钱，如果库存不流动会导致更多的开销。此外，诸如资产收益率等指标也受到库存的影响，因为库存属于资产负债表上的资产范畴。

风险管理视角的库存定义

对于“什么是库存”这个问题，另一个有趣的答案可能来源于风险管理视角。库存问题的关注点近年发生了一个有趣的转变。由于持有和管理库存会产生成本，大多数公司仍然试图维持低水平库存，然而，人们越来越关注没有管理或没有高效管理库存[2]的问题。换句话说，越来越多的公司开始从风险管理的视角看待库存。成本、缺货的影响、错失的服务机会及供应链不可预测的中断情况都是影响公司决策的主要因素。他们也更喜欢安全库存之类的概念（将在后文中讨论）。他们的理由变成了“我们不能没有安全库存！”因此，库存逐渐成了一种管理风险的手段。

通常来说，人们对供应链干扰[3]发生的潜在可能性更为敏感。很多时候这些干扰是供应链管理过程的不确定性所致，其原因可能是缺乏可用信息、供应商交货时间的不确定性，以及在各种供应链流程中执行特定任务的不确定性。不管是哪种原因，不确定性都是对供应链造成干扰的头号“罪犯”。许多公司选择进行库存投资来对冲不确定性。虽然这种手段饱受争议，但实际上，许多公司都以不同的理由这么做了，他们把库存看作管理和降低风险的一种手段。同样从风险管理的视角出发，另一种思路是将投资库存作为一种应对货币和价格波动的手段。供应商经常提供短期的批量折扣，许多原材料的价格是基于市场价格浮动的，从国际供应商那里购买原材料将会涉及货币的汇率问题。为了对冲潜在的汇率波动，许多公司会将投资库存作为一种锁定价格和货币价值的手段，这样做公司可免受库存成本超过预算及资本约束风险的影响。

平衡视角的库存定义

上述从不同视角出发的多个定义表明，库存对于供应链具有多重内涵和意义，对它们的理解可能是进行高效库存管理最重要的出发点之一。库存是一种资产，一种公司不想过多拥有的资产。然而，没有“过多”该种资产的公司却可能会受到供应链干扰并承担产生大量意外开销的风险。因此，进行高效库存管理的关键就是保持平衡——让库存水平足以支撑生产和销售流平稳流动，同时又将库存投资最小化，以确保公司的财务绩效。这种平衡经常被认为是最优的状态。

达到最优库存水平并不容易，它涉及多种相互交织的分析方法和技术。并且，为了维持供应链中最优流和库存的无缝交换，就必须进行多次互联决策。这些问题的细节会在之后的内容中继续讨论，它们是本书的关键。

库存在供应链管理中的角色

客户和供应商的关系管理是供应链管理的一个重要方面。协同关系这一概念经常被看作供应链管理的核心问题。然而，如果对供应链关系，尤其是包含产品流的供应链关系进行更为细致的审查，则会发现，该关系的核心是库存的流动和储存。关系管理的大多数活动都基于库存的采购、转移和管理。库存在供应链中扮演着重要角色，因为它是供应链的焦点。

库存的关键作用之一或许就是推动供需平衡。为了高效管理供应链中的正向和逆向流动，公司要妥善处理与上游供应商间的交流和下游客户的需求，这就促使他们必须在满足难以精准预测的需求和维持足够的材料及产品供应之间取得平衡。这种平衡经常是通过库存来取得的。

比如，越来越多的公司开始使用销售与运营计划[4]（Sales and Operations Planning，S&OP），该计划的最主要目的就是将公司的需求管理职能（如销量预测、营销）与运营职能（如制造、供应链、物流）结合起来，并作为战略计划的补充。这个计划经常涉及对公司现有库存、在途库存和在制品的讨论，这类讨论让销售和营销部门的职员能够在未来的一段时间内，通过获取足以支撑销售活动的库存水平信息来制定合理的销售和营销计划。此外，运营部门也能够因此直接获取有助于规划未来库存需求的实时销量预测信息。由于一些近期着眼于特定库存单位的战略决策，这类信息很可能导致制造计划的变动或采购需求的调整。

另一个通过库存来获取平衡的例子是，零售业利用销售点[5]（Point-of-Sale，POS）数据进行永续库存管理。对许多零售商来说，用收银机进行商品扫码结算的时候，每一次“哔”声都代表着一个库存单位被销售出去了。这个信息不只会被零售商追溯，还会被分享给上游的供应商。当商品出库以后，零售商和供应商会协同工作以决定库存，尤其是配送中心级别的库存补货的恰当时机。基于库存到达店铺所在地的时间点来追溯需求信息，从而决定下单补货的时机，这属于供需平衡的范畴。库存相关决策的本质作用就在于决定何时需要库存流入来应对相应的需求流出。

为什么库存对于评估供应链管理绩效如此重要

正如销售与运营计划所展现的那样，库存是供应链管理的一个关键部分。所以，一个公司的库存状况经常被当作公司整体供应链管理流程和决策“健康”状况的“试金石”。比如，如果一个公司拥有过多的安全库存，这实际上是有问题的，因为这些库存会产生库存持有成本。并且由于资本被捆绑在无法转换成销售额的资产之上，还会产生机会成本。

更大的问题在于，过多的安全库存很可能是供应链管理的效率低下所致：或许需求预测一直以来都很不准确，或许供应商的交货时间被不必要地拖长了，或许运营碰到了瓶颈，或许处理库存的效率太低，又或许承运人在运输过程中损坏了库存或没有将其及时送达。出现大量呆滞库存或持续缺货等都是供应链管理效率低下的表现。因此，库存是评估供应链管理绩效的一个重要工具，它是最初体现供应链低效的几个因素之一。

因此，行业分析师、供应链咨询师和研究员，甚至华尔街人士都高度关注库存指标，从而观测供应链的绩效趋势和变动。越来越多的公司开始使用如库存周转率、库存天数及现金周期等反映供应链管理水平的指标。这些指标能够反映如库存在供应链中的周转速度、客户需求的满足程度、库存投资对公司的资产流动性的影响等问题，甚至能够反映供应商关系管理的效率。

全书总览

库存管理显然是供应链管理的一个重要方面，本书将会介绍有助于进行高效库存决策的一些核心概念和技术。正如本章所强调的那样，库存管理是一个深入而广泛的话题。因此，我们无论如何也不敢宣称本书涵盖了库存管理的所有知识。但我们将自己认为属于关键框架和方法的一类内容衔接在一起，以帮助读者认识库存管理相关决策的几个问题——“是什么、为什么、如何做、怎么做”。

第 2 章“库存管理基础知识”在本章提供的几个定义的基础之上展开，介绍了库存管理中涉及的关键术语和概念。第 2 章关注库存的不同种类、产生成本的多种因素及与库存相关的多种成本。由于在不了解相关术语的情况下讨论库存经常会让人感到迷惑，因此我们综合、仔细地引入了许多不同却又存在重叠的库存相关概念。深入学习第 2 章将会更容易理解后面的内容。

第 3 章“库存控制方法”是对库存管理的进一步讨论，本章聚焦于为了做出明智的库存决策而进行的分析。第 3 章引入了有助于确定库存订购时机、订购量及进行订购库存的管理及核算的一些框架。本章最后会介绍几个公司在应用其中某些框架时所面临的管理问题。该部分内容通过介绍这些公司在将理论付诸实践时遇到的特定的阻碍、问题和取得的成绩来说明，在使用这些分析技术时必须因地制宜、“对症下药”。

第 4 章“库存管理和需求预测之间的联系”关注库存管理过程的预测部分。不先全面讨论预测及其与库存相关决策的联系，是无法对库存管理进行评估的。如果想要在恰当的时候订购恰当数量的库存，需要知道预计销售数量。另外，预测产生的偏差也包含了反映需求的不确定程度的有用信息。

第 5 章“库存流程的离散事件的仿真分析”介绍了分析库存流程的有用工具、预测手段对库存流程产生的影响以及任务执行失败对库存系统绩效的影响——离散事件仿真。离散事件仿真被用于研究众多流程和系统，但第 5 章我们仅在预测和库存管理的话题范围内讨论。有很多软件都是为离散事件仿真而设计的，我们会重点介绍如何使用微软 Excel 来进行离散事件仿真。

在第 6 章“其他库存管理流程和概念”之前，我们是从单项库存单位（Stock-keeping Unit，SKU）的角度出发来讨论库存管理的，但在第

6 章我们会基于多项库存单位展开讨论。读者必须先理解单个库存单位的库存管理和理论，才能够更好地理解多项库存单位的库存管理，因为前者的很多概念都被用在对后者的讨论之中。此外，在第 6 章之前，我们仅讨论了单项库存管理，但在第 6 章我们将会把讨论延展至多项库存管理。第 6 章还会讨论许多其他的相关概念，包括配送需求计划——这显然属于多项库存管理的范畴。

第 7 章“管理供应链的库存流的方法”关注与大量库存流整体管理相关的话题，包括库存的所有者与决策者、订购库存的时机和数量、产品流向何处、进行营销交易的地点等。其他话题还包括库存持有地及产品前向流动过程中的订单导致额外的需求不确定情况。

第 2 ~ 7 章均直接或间接地谈到了绩效指标，但第 8 章“评估库存管理绩效的关键指标”集中讨论了库存管理绩效指标，包括一些前面没有讨论过却十分关键的指标。我们还在对绩效指标的讨论中谨慎地穿插了成本权衡及成本 / 服务权衡的内容。这些内容十分重要，因为许多公司经常只追求一部分绩效指标而牺牲了其他被忽略或没有被测量的指标。

参考文献

[1] Daugherty, Patricia J., Matthew B. Myers, and Chad W. Autry. “Automatic Replenishment Programs: An Empirical Examination.” *Journal of Business Logistics* 20.2(1999): 63–82.

[2] Ettouzani, Younes, Nicola Yates, and Carlos Mena. “Examining Retail on Shelf Availability: Promotional Impact and a Call for Research.” *International Journal of Physical Distribution & Logistics Management* 42.3 (2012): 213–243.

[3] Harrison, Terry P., et al. "Supply Chain Disruptions Are Inevitable—Get READI." *Transportation Journal* 52.2 (2013): 264–276.

[4] Thom é , Antônio M á rcio Tavares, Rui Soucasaux Sousa, and Luiz Felipe Roris Rodriguez Scavarda do Carmo. "The Impact of Sales and Operations Planning Practices on Manufacturing Operational Performance." *International Journal of Production Research ahead-of-print* (2013): 1–14.Stank, Theodore P., et al. "Creating Relevant Value Through Demand and Supply Integration." *Journal of Business Logistics* 33.2 (2012): 167–172.Mentzer, John T., Theodore P. Stank, and Terry L. Esper. "Supply Chain Management and Its Relationship to Logistics, Marketing, Production, and Operations Management." *Journal of Business Logistics* 29.1(2008): 31–46.Autry, Chad W., and Stanley E. Griffis. "Supply Chain Capital: The Impact of Structural and Relational Linkages on Firm Execution and Innovation." *Journal of Business Logistics* 29.1 (2008): 157–173.

[5] Williams, Brent D., and Matthew A. Waller. "Creating Order Forecasts: Point–of–Sale or Order History?" *Journal of Business Logistics* 31.2 (2010): 231–251. Nachtmann, Heather, Matthew A. Waller, and David W. Rieske. "The Impact of Point–of–Sale Data Inaccuracy and Inventory Record Data Errors." *Journal of Business Logistics* 31.1 (2010): 149–158.Williams, Brent D., and Matthew A. Waller. "Top – Down Versus Bottom–Up Demand Forecasts: The Value of Shared Point–of–Sale Data in the Retail Supply Chain." *Journal of Business Logistics* 32.1 (2011):17–26. Sabath, Robert E., Chad W. Autry, and Patricia J. Daugherty. "Automatic Replenishment Programs: The Impact of Organizational Structure." *Journal of Business Logistics* 22.1 (2001): 91–105.

02

库存管理基础知识

库存种类

库存有很多种，其分类方法也有很多。相比于其他库存管理图书，本书更关注库存的不同种类，并且本书所划分的种类比同类书更多。你会注意到许多定义是有重叠的，我们这样做的原因是，库存的管理方法取决于其种类、用途、所受前件的影响及它所产生的影响。没有必要在定义库存的时候追求简洁，也没有必要担心重叠部分过多。更重要的是，得到一个能够完成这项工作的最小集，这就是本书所追求的。在进行库存管理的时候，清晰的表述十分关键。本书作者曾经与相关从业者及学者多次讨论过库存和库存管理的话题，发现阻碍讨论顺利进行的一个难题就是人们没有意识到对方谈论的是库存管理的不同方面。在接下来的讨论中，如果不过于深入地讨论也不进行全面考虑，那么这个问题是可以被掩盖的。而我们提出这点并对其加以强调，是因为我们相信掩盖是一个错误。

正如前面所说，本书的分类是有重叠的。比如，一个条目是零售店后仓库存（Retail Backroom Stock，RBS），而另一个条目是安全库存（Safety Stock，SS），显然前者是包含后者的。然而，理论和实践的经验告诉我们，将两者分开是有用的，但同时也要知道它们是有重叠的。长久以来，公司内部及跨公司关于库存管理的交流都存在问题，因此我们需要有一个完整而准确的术语表。整本书有大量篇幅提及这些概念，因此很有必要在本部分多花一些篇幅。

我们经常听说一些减小库存的项目且它们一般都能成功，但我们很少听说减小特定种类库存的成功项目。然而无论从长期还是短期来看，这类项目对于减小库存都能够产生巨大的影响力。

对术语仅进行粗略理解也会产生问题，之后的内容会说明这一点。比如，一些人错误地认为，只要安全库存不被减少，服务水平就不会改变。通常来说，这是一个谬论，他们所说的只是狭义的服务水平。如果服务的定义是保护期（如交货期之前）的缺货频率的话，这个说法就没错。但如果其定义是库存的需求总满足量的话，这个说法就是不对的。减少周期库存会降低服务水平，关于这一点的讨论会在后面展开。

本书的分类和定义系统与众不同的另一个原因是，我们是从前瞻型视角（Forward-Looking Perspective）和回顾型视角（Historical Perspective）这两种视角出发来下定义的。实际上，整本书都使用了这样的方法。而大部分同类书都只采用了前瞻型视角。举一个安全库存的例子，前瞻型方法得出的是一个用于估计为达到理想服务水平所需库存的数学公式，而回顾型的方法则是计算过去实际持有的安全库存[1]。理想情况是，指定一个特定的服务水平，使用前瞻型方法计算出所需的安全库存量，一段时间后再使用回顾型方法得出一个安全库存量，我们会发现两个结果是相同的。由于一些技术原因，这种情况并不经常发生。因此，我们为读者提供了一个设定某些库存水平的经验方法。

1　如果关于需求和提前期的概率分布以及关于补货流程本质的数学假设狭隘且不切实际，那么从长期来看，用回顾型和前瞻型方法得出的计算结果可能是一样的。问题在于需求经常是非稳态的，不能用概率分布来表示，但这并不表示概率分布不能用于现实中对库存需求量的估计。

补货流程、服务指标等的定义和本书的定义及分类条目存在交叉，本书的定义和分类系统包含了服务的几种不同定义，我们会在讨论库存种类时对其下定义。对于补货流程也是如此，也就是说我们会提到不同种类的补货流程。对于服务水平，我们使用保护期库存现货率（Protection Period in-stock，PPIS）、物件级供应比率（Item-level Fill Rate，ILFR）两个指标。对于补货流程[1]，我们使用固定订货时间点、固定订货量的（Q, ROP）流程以及固定订货间隔和订货点量的（T, OUL）流程。这些表示方法有助于我们讨论分类方案中的每个定义。在第 3 章，我们将进一步探讨每一个服务水平指标及补货流程。此外，本章后文将介绍一些其他类型的服务水平指标和补货流程。

在定义 PPIS 之前，我们必须先定义保护期。保护期[2]是一段有可能缺货的间隔期。这似乎有点奇怪，因为缺货在理论上是随时都可能发生的，但实际并非如此。在（Q, ROP）补货流程中，当库存水平[1]达到再订货点（Reorder Point，ROP），就订购 Q 个库存单位。若 ROP>0，在达到 ROP 之前是不可能缺货的；而在达到 ROP 之后缺货则是有可能的。一旦达到了 ROP 就订货。订货后和交货前的这段时间就是提前期（L），而（Q, ROP）流程中的保护期就是提前期。现在我们可以为（Q, ROP）流程定义 PPIS 指标了——（Q, ROP）流程的 PPIS 就是提前期不发生缺货问题的概率。

对于（T, OUL）流程，只有到了补货时间点才下单，T 为订货间隔周期。所以，假设在补货时间点订货，订货量就等于订货点量和库存之间的差值，

1　库存水平 = 现有库存 + 订购库存 − 延期交付库存。

过了提前期再收货。不到下一个补货时间点不能下单。一旦下单，在订货和交货之间的这段时间里都有可能缺货。因此，对于（T, OUL）补货流程，保护期等于提前期 + 订货间隔（$L+T$），PPIS 是保护期不缺货的概率。

ILFR 是由现有库存所满足需求的百分比。如果现有库存无法满足需求，需求要么流失，要么以延迟交付[1]的形式被满足，无论哪种都属于当时的需求损失。所以，一段时间内的需求损失除以该段时间的总需求就是 ILFR。综上所述，我们现在可以讨论分类方案中的每种类型的库存了。

周期库存

周期库存[3]（Cycle Stock）是两次补货时间点之间的库存。对于（Q, ROP）补货流程，两次补货时间点之间的离散单位[4]库存（如成箱的即食麦片）平均值为（Q+1）/2，连续单位库存[2]（如汽油）平均值则为 Q/2。对于（T, OUL）补货流程，两次补货时间点之间的库存平均值为 $d\times T/2$，其中 d 是单位时间的需求量。

每次下订单或释放生产都会产生一定成本，如运输成本、生产准备成本和其他每次下单产生的固定成本，包括接收成本、采购成本等。这些固定成本越多，每次的订货量就应该越大。周期库存的估算相对容易。如果公司的订货量总是以整车计，则平均周期库存就是整车数的一半；

1　如果一位顾客在收银台处想买某种品牌的糖果，但是零售商却缺货了，那么这种糖果就发生了销售额流失而不是延期交付，因为顾客是不会等糖果到货的。这位顾客下次可能会再买这种糖果，但是那和缺货那次分属于两次销售。而如果配送中心订购了一种知名品牌的洗涤剂，而供应商缺货了，则零售商很可能会等洗涤剂到货，等到供应商把该洗涤剂运送到配送中心。

2　当 Q 的数值很大时，（Q+1）/2 和 Q/2 的区别很小。很多教科书仅讨论了 Q/2。

如果该公司的订货量总是以托盘计，则平均周期库存就是托盘数的一半。

如果一个零售商每次只从一家供应商那里订购某种特定单位库存的葡萄酒送到配送中心，订货单位为托盘。每个托盘有 150 箱，每箱有 6 瓶，每个托盘总共有 6×150=900 瓶。假设店铺以箱为单位向配送中心订货，有 2 个配送中心，200 家店铺。所以平均每个配送中心的周期库存是 900 瓶 /2=450 瓶[1]。平均每个店铺的周期库存是（6+1）瓶 /2=3.5 瓶，由于有 200 个店铺，一共就有 200 家店 ×3.5 瓶 / 店 =700 瓶[2]。整个零售网的周期库存就是 700 瓶 +450 瓶 =1,150 瓶。对于（*T*, OUL）流程，假设每次订货都会使库存水平达到订货点量，配送中心每周处理 1,000 瓶酒且每周进行一次订购。在这种情况下，平均每个配送中心的周期库存是 1,000 瓶 / 2=500 瓶。再假设每个店铺每周处理 6 瓶酒，也是一周进行一次订购，那么平均每个店铺的周期库存就是（6+1）瓶 /2=3.5 瓶。

这一切的关键在于，（*Q*, ROP）和（*T*, OUL）这两种补货流程的周期库存的估算都是相对容易的。由于周期库存占总库存的很大一部分，估算了周期库存，整体库存需求的估算就完成了一大半。这一估算过程甚至简单到可以在宴会的纸巾背后完成，但是很少有人知道这个方法。

以上这些都是前瞻型方法，也就是说，我们使用这些方法估算出的平均周期库存可能和实际值不同。对于（*T*, OUL）流程，这个差异很容易就能看出。它计算出的平均周期库存为 $d \times T/2$，而实际的平均需求可

1 实际上与（900 + 1）瓶 / 2 = 450.5 瓶的区别并不大。

2 这种情况下，$Q/2$ 和 $(Q+1)/2$ 的计算结果差别很大——前者等于 600 瓶，后者等于 700 瓶。

能并不等于 *d*。但为什么使用（*Q*, ROP）流程会很难看出这个差异？原因可能是，库存不足导致每个补货间隔都会流失销量[1]。假设月初有 100 个库存单位，不到月底全都卖出了。那么上半月的平均库存就是 50，但下半月的平均库存就是 0，所以该月的平均周期库存就是（50+0）/2=25。对于使用（*Q*, ROP）流程且流失销量的情况，（*Q*+1）/2 方法的计算结果有可能不同于回顾型的周期库存计算方法。再次重申，当使用（*T*, OUL）流程来估算未来的周期库存且平均需求不等于 *d* 时，$d \times T$ 的计算结果可能并不准确。这个结论显而易见。另外，对于（*Q*, ROP）流程，如果取货量大且频繁，（*Q*+1）/2 的结果也会和实际值不同。

现在，我们来讨论回顾型周期库存的计算方法。一旦收货后永续库存增加，就开始计算平均库存，在下一次收货时停止计算，然后从平均库存中减去最终的持有库存，即可得到一个补货间隔的平均周期库存。在一段时间内一直这样计算，此期间补货间隔的平均周期库存就是回顾型的安全库存。

对于（*Q*, ROP）流程，提高周期库存水平就能提高 ILFR。为了方便理解，我们来看一个极端的例子。假设 *Q* 取特定值，使得订货量刚好能够满足每日需求量，那么一年需要订购 365 次，意味着这一年有 365 次延迟交货的可能。另一方面，如果 *Q* 取特定值使得订购量足以供应全年需求，那么这一年最多只可能发生一次延迟交货。比起第 2 种情况，第 1 种情况由于延迟交货而导致缺货的概率更高。

而（*T*, OUL）流程不一定是这样，因为在 T 期间内的任何时间点都

1　如果发生延迟交货，那么安全库存就是负值。

有可能缺货。在（Q, ROP）流程中，平均每隔 Q/d 就补货，需求增加就提前订货。使用（T, OUL）流程就不能提前订货。比如，一个公司可能每周从供应商那里订购一整车装有 20 种不同库存单位量的货物。在这样的情况下，因为需求增加而提早订购一个库存单位的货物可能不划算，当这些库存单位的利润较低时尤其如此。这时加快运输可能会不划算。因此，在这个补货流程中，前瞻型的周期库存对 ILFR 产生的影响不如（Q, ROP）流程的大。

我们已经讨论了（Q, ROP）和（T, OUL）两种补货流程的周期库存，但还有许多其他的混合流程。其中一些会在第 3 章讨论。前瞻型周期库存的估算也是其他流程的关键环节，所以我们暂时先关注这两种补货流程。

安全库存

前瞻型的安全库存[5]是指到货以后可供调配的预计持有库存单位，回顾型的安全库存是指到货后可供调配的平均持有库存单位。两者的区别在于：计算安全库存时所假设的补货流程和实际使用的不同；假设的需求分布和实际不同，或者实际需求分布是不平稳的；即便存在稳定的实际需求分布，提前期之间也存在差异；有些任务执行误差在计算安全库存时没有考虑到。我们会依次讨论以上情况。

由于假设的补货流程和实际使用的不同，回顾型安全库存将不等于前瞻型安全库存。读者很容易就可以在文献中找到（Q, ROP）或（T, OUL）补货流程的安全库存计算方法。然而，实际操作中我们很少单独使用这两种流程计算方法。比如，在（*Q*, ROP）流程中，对于所有的库存单位只要到达ROP就补货这一点，如果运输成本相对于库存成本来说足够低，是有可能的。举个例子，假设你正要订购一种部件，这种部件十分昂贵，以至于空运成本都只是库存持有成本的一小部分。在这种情况下，每次一到ROP就通过空运进行补货是行得通的。但大多数的情况是同时订购多种库存单位，因为它们需要一起通过托盘、卡车或汽车运输。这听起来像（*T*, OUL）流程，设定*T*的值在使得平均需求充足的情况下，可以一次订购多种库存单位，但前提是每次的订货量都使库存达到ROP。问题是，你可能只能按某个数字的倍数订购多少个装箱数或卡车数。假设使用严格的（*T*, OUL）流程，你可能需要订购一包半的货物让库存达到ROP，但可能供应商要求的最低订货量为两包。类似地，如果几种库存单位在间隔周期T之前就用完了，而缺货成本又很高，你就需要下紧急订单。这时的（*T*, OUL）流程前瞻型安全库存的计算结果就是不准确的，因为紧急订单不属于该流程。另一种情况是，假设所有的库存单位都使用（*T*, OUL）流程，订货量只占了整车量的60%。最优选择是增加订货量，以提高运输工具的利用率。但如果这样做，实际的补货流程就不是真正的（*T*, OUL）流程，而是一种混合流程了，基于（*T*, OUL）的安全库存计算也就不再准确。

由于假设的补货流程和实际使用的需求分布是非平稳的，回顾型安全库存将不等于前瞻型安全库存。即使使用传统的（*Q*, ROP）和（*T*, OUL）补货流程，许多前瞻型安全库存计算也都是基于有限需求分布类型的，包括正态、泊松[6]、拉普拉斯[7]和经验分布。实际的分布大多是混合类型的。比如，零售业一周内每天的需求分布都是不同的，人们往往在周末购物最多。更大的问题在于，大部分零售店的库存单位的需求分布都是非平稳的。为了简化问题，我们假设这意味着零售店需求的平均差和/或标准差是随时间而改变的。

由于假设的提前期分布和实际不同，回顾型安全库存将不等于前瞻型安全库存。提前期是指从下单到货物可调配的这段时间，不单单指运输时间。计算安全库存时得到错误的结果经常是因为使用了运输时间来代表提前期。提前期包含下单、拣货、发货、装货、运输、收货等工作所花费的时间。此外，有时运输时间标准差还被用来代替提前期标准差。所有提前期的任务执行错误都可能增加提前期标准差。

你可能会感到奇怪，为什么既要计算回顾型安全库存又要计算前瞻型安全库存。原因在于，这样做你可以对前瞻型安全库存进行调整以使之适应现实情况，借助两者的差异还能够更好地判断库存是否不足或过量。对安全库存成因与安全库存实际水平之间的关系进行经验估计，可以更准确地确定未来的安全库存。这样做的好处是不用得出一个具体的分析模型，而分析模型又很可能是无法建立的。

正如之前讨论过的，安全库存和周期库存都可以用来应对缺货问题。很多此类书声称仅通过安全库存就可以解决供求的不确定性，这是不对的。可以调整安全库存、周期库存或者同时调整两者来达到目标的订单项供应比率（Line Item Fill Rate，LIFR）。根据定义，（*Q*, ROP）流程中的 PPIS 指标只受安全库存的影响。对于这种特殊情况，PPIS 是指提前期不发生缺货问题的概率。然而即使是（*Q*, ROP）流程，LIFR 也可以通过周期库存或安全库存来调整——可调整变量越多越好。

你也可能会奇怪为什么要区分周期库存和安全库存。事实上，一些教科书甚至不会使用这两个术语。但我们有充足的理由区分这两者。比如，实体零售店货架上的货物小于一定量就会显得不那么吸引人，安全库存就可以解决这个问题。此外，在一些情况下，一定量的周期库存也很有必要。比如，假设运输成本远远高于库存成本，此时很可能是以整车量为订购单位，则 LIFR 和 PPIS 的管理都必须借助安全库存。

在途库存

在途库存[8]是没有被储存以备用或备售、正在被运送到某个库存持有节点[1]的库存。最常见的在途库存是位于卡车、火车、船或飞机等运输单元的库存。然而，位于运输单元的库存并不一定就是在途库存。比如，直接在卡车拖车中销售的货物，这时的卡车拖车实际上是一个库存持有节点。类似地，配送中心里，有的库存位于持有节点，有的则属于在途库存。正在被交叉转运的库存就是在途库存。店铺后仓的库存在被放上货架之前都是在途库存；而直到需要为货架补充商品之前，店铺后仓是库存持有节点。一般来说，处于"提前期"[2]的库存都是在途库存。为了便于讨论，我们将运输中的在途库存称为运输中库存，正在做交叉转运、拣货、发货、安置等处理的在途库存称为非运输中库存。所以，在途库存分为运输中库存和非运输中库存两类。之所以做这个区分，是因为这两类在途库存的成本是不同的，对此我们之后会继续讨论。

1　节点是在收货或采购之前持有库存的存放地点。

2　"提前期"是订货和收货后库存待售或待用之间的一段时间。最后的"待售或待用"这一环节很重要，卡车停靠后收到货物并不意味着提前期结束了。必须要给提前期一个恰当的定义。

区分公用承运人负责的是哪一部分的在途库存也很重要。原因在于，在公用承运人之后接手货物的是招标承运人，库存的责任经常是由公用承运人承担的。这时库存持有成本就会低于在途成本，因为没有库存运输成本部分的责任。前瞻型在途库存的计算比较容易，用特定库存单位预计的提前期除以 365 天[1]后再乘以预期年需求量即可。“用以天数计的预计提前期除以 365 天”表示已售库存以在途库存形式存在的时长占一年的百分比，也可以理解为以天数计的预计提前期乘以预计日销售量。每个库存单位都会有一段时间属于在途库存，从这个角度出发，所有的已售库存单位在提前期中都是在途库存。举个例子，假设一个产品的提前期是 5.2 周，预计年需求为 5,000 单位。那么 5.2 周除以一年的 52 周等于 0.1，再乘以每年的 5,000 库存单位，得出预计在途库存为 500 单位。如果回顾型平均在途库存和前瞻型平均在途库存不相等，可能是由于预计和实际年需求之间出现了偏差，或者是预计和实际提前期之间出现了偏差。用回顾型平均在途库存除以实际需求，就可以得到平均提前期。这个结果可以用来和预计提前期进行比较，如果不相等，找出两者不相等的原因——是不是遗漏了一大部分提前期的组成部分？是不是在提前期的一些重要组成部分的数值计算中出现了严重错误？类似这样的过程能够帮助你更准确地预估提前期。

准确预测提前期十分重要，因为提前期会被用于计算安全库存及确定恰当的下单时间点。如果一个自动化补货系统的提前期不准确，就可能会导致库存过量或不足。

1　时间单位可任意选择，但是无论使用什么单位，其必须要和提前期的时间单位一致。

如果提前期的任意组成部分的时长增加，不只在途库存会增加，安全库存和/或周期库存都会增加。因此，回顾型和前瞻型在途库存数据的对比能够发挥很大的作用。这个对比能够检查提前期预测值的准确程度。

使用远洋运输的在途库存显然比使用空运的多得多。若使用海运，提前期的绝大多数组成部分都是运输时间，空运则不是这样。假设一个来自日本东京的产品要运到美国加利福尼亚州的长滩，提前期比运输时间多1天时间。假设海运需要花12天时间，空运只用1天时间。在这个高度定制化的例子中，使用运输时间来预估在途库存的误差对于海运是可接受的，但空运的误差则会是海运的两倍。然而，如果在其他条件相同的情况下对两者进行对比，你可以使用运输时间的差异来估算在途库存的变化。回到将东京的产品运输到长滩的例子：如果将海运换为空运，（12−1）/12，在途库存会减少约92%；类似地，如果将空运换成海运，在途库存则会增加11倍。通常，在预估在途库存相对变化的时候，如果提前期的任意组成部分发生变动，则只需要根据变化的部分来进行计算。这一点很方便，但由于总成本也会发生变动，因此也需要仔细审度。比如，如果在途库存成本只占总库存成本的很小一部分，像前面所讨论的那样减小近92%的在途库存，对于整体库存的优化效果并不会太明显。

促销库存

促销库存有两类：长期和非长期属于某产品分类的促销单位库存。前者的促销种类有很多：短期减价、促销展览、买一赠一、优惠套装、优惠券、样品、标识牌、清仓处理等。商店开展的促销活动通常是多种活动的组合，比如短期减价可能会伴随着促销展览和清仓处理活动。

促销的目的是增加需求量。然而特定位置的销量变动难以预测，因而补货也难以预测。对于几周才卖出一个的慢销类产品，促销活动之后可能一天卖出一个，并不需要补充库存就能满足增长需求。

演示类库存

用于演示或展览的库存叫作演示类库存。严格来说，如果不用于销售，这类库存即使缺货也不会作为安全库存。而如果可供销售，那它就是安全库存的一部分。这种情况下，实际的安全库存比计划的安全库存多，ILFR 和 PPIS 都大于预计值。此时，考虑到成本和服务水平，最好将演示类库存看作安全库存的一部分。然而，演示类库存如果过期或变质，就不能作为安全库存的一部分。

零售店后仓库存

RBS[9] 是指零售店的储藏室或后仓的库存。RBS 可能是在途库存或周期库存，也可能两种都有。

在进一步解释之前，需要先知道，库存持有节点是下单和接受订单的实体地点。如果在节点 A 订购了节点 B 的库存，库存从节点 B 流出，通过节点 C 到达节点 A，那么节点 A 和 B 都是库存持有节点，而节点 C 不是。节点 C 可能是交叉码头或零售店后仓。如果货架上的库存不是由后仓的库存补充的，那么该类库存就不是在途库存。如果是由后仓的库存补充且后仓的库存由配送中心（Distribution Center，DC）补充，那么后仓库存就是周期库存和安全库存的组合。

考虑这样一种情景：后仓不是库存持有节点，补货到店以后，先是被补充到货架上，放不下的库存就只能先放在后仓，直到货架腾出了足够空间。这样做是存在很大问题的，因为可能没有提示对货架进行补货的正式信号。可能会有技术手段能够解决这个问题，但是协调货架容量和后仓容量并不是一个轻松的任务。指定特定库存的存放地点并说明这样做的原因对于高效运营来说十分重要，这就是为什么我们要提供更加详细的词汇表来讨论这些问题。

如果把安全库存设为等于货架容量，那么有一半的时间货架会放不下补货。记住，安全库存 SS 是补货前预计可用的库存单位。假设使用的是一个连续审查的（Q, ROP）系统，货架容量等于 ROP + Q，那么货架总能放下补货。假设下单后，需求变为 0；补货到店后，货架上另外还有 ROP 个库存单位，因为下单补货时就是这么多；由于订货量为 Q，这时货架上的总库存单位就为 Q + ROP。问题在于，货架上平均会空出（ROP−SS）个库存单位的位置。对于（T, OUL）流程，如果货架容量等于 OUL，就相当于其容量等于 ROP + Q。以上情况都会造成货架空间的浪费。此外，由于货架放不下，有的货物只能放在后仓，这又会产生额外的人力成本。在确定货架容量时，必须要权衡货架空间成本和人力成本。货架容量、订货量、安全库存、提前期等决定了发生货架空间问题不足的频率。

零售店货架补货库存

零售店货架补货库存[10]包含了周期库存和安全库存。这类库存与货架上必要的促销库存不同。此前我们已经讨论过促销库存——由于促销活动，店铺为额外需求所准备的额外库存。假设这样一个情景：店铺在常规货架位置以外的地方进行单纯的促销展示。如果销售点[1]使用的是条形码，而促销展示用的库存和货架补货库存的条形码不同，这就会让人迷惑。比如，平日里从货架上拿取商品的人可能会直接拿取促销展览用的商品，因此促销活动看起来会比实际更为成功。假设促销活动使用了优惠套装，店铺里还有货架补货库存。优惠套装使用了不同的条形码，因此补货需求看起来比实际更少。需求预测值偏低可能会导致未来发生缺货问题。库存种类和需求种类是有区别的，这一点很重要。从顾客的角度出发，优惠套餐和普通商品可能没什么区别。所以，库存管理需要一种分类方式，需求管理又需要另一种分类方式。

季节性库存

季节性库存是指针对一年中的某个时间段储备的库存，在该季节可

1 POS是一种关于商品销售地点、销售价格和销售量的信息。零售商通过为收银机补充现金来获知销售额。把所有销售额加起来以后，公司总部就可以知道产生了多少收益，但是他们并不知道是哪种库存单位被卖出了。类似地，供应商只知道他们卖了多少货物给零售商，并不知道何时卖给了哪家店。零售商也能够计算顾客在本店没有买到特定品牌的奶粉或其他商品而离店的概率。供应商有时会把POS销售数据和出货量发给零售商，作为其销售数据。POS数据通常用来进行每日监测，但也能够用于每小时或每分钟的监测。一家店所有的库存单位每天都会产生POS数据，即使有些时候数值为0。一个批发店可能有5,000个库存单位，杂货店加上大型综合超市可能有150,000个库存单位。假设一家店有150,000个库存单位，每个库存单位每天都会产生POS数据。如果有1,000家这种店，那么每天会产生150,000,000个POS数据。

能会对其进行补货也可能不会。即使后续会进行补货，季节性库存通常也是基于单个订单进行订购的。报童模型（News Vendor Model）是一种计算订货量的方法。如果季节性库存不足，销量和利润就会流失；而如果季节性库存过多，就需要进行减价处理，这会降低投资回报率（Return on Investment，ROI）。报童模型旨在平衡这些成本。

多位置冲动购买型库存

零售店内同样的商品可能会被放在多个位置。比如，杂货店里的糖果除了放在糖果区，还会放在收银台上。同一家店铺，即使很多位置的商品缺货了而其他位置还有货，仍然可能有该商品的日销记录。记录所有这些存放位置是经营店铺的一个难题。有很多冲动购买型的商品，它们并不在顾客的购物计划之内，顾客在货架上看到它们以后才当场决定购买。这类库存包含了整个店铺的周期库存和安全库存，但是单个位置的库存可能会难以进行规划和管理。特定位置的库存经常都会发生变动，但在店铺主要位置持续存在的库存并不会这样。

原材料库存

原材料库存是指用于生产的库存，比如用于生产面包的谷类。原材料库存的缺货成本可能会十分高昂，因为整个生产线都可能因此关闭。此外，相对于成品库存来说，原材料库存没那么昂贵，所以有充足的理由持有更多的原材料库存。假设一个面包生产商持续研制新型面包，在研制出一种新型面包库存单位的同时，也产生了一种谷物的新规格，100

种新型面包就有 100 种新的谷物规格。如果只有 10 种谷物规格，但是生产出了 100 种新型面包，那么总库存就会显著减小。

在制品库存

在制品库存是指还未成为成品的库存。这类库存有时位于工作站之间，这样一来，当某个机器因故障停运也不会影响整条生产线。然而，工作站间的反馈环会随着工作站之间的库存增加而拉长。鉴于在美销售的日本产品发生的变化，美国引入了准时[11]（Just–in–time，JIT）生产制。

假设小林和吉姆两个人位于两个工作站，小林在木头块上钻洞，吉姆则往洞里钉木钉。洞口大小必须刚好合适：如果洞口太大，钉子就会直接穿过去；如果太小，钉子进不去。

假设小林所用钻头的压力不稳定，但是他已经完成了 20 天的工作量。库存可供天数（Days of Supply，DOS）等于库存除以每日预测需求。比如，生产 100 个库存单位，每日预测需求为 5 个库存单位。库存可供天数就等于 20（DOS=100 个库存单位 / 每天 5 个库存单位 =20 天）。

但是小林的钻头坏了，他认为钻头正常工作的时候所钻的洞口大小是正确的；吉姆却说洞口大小不对。小林并不知道实际情况如何，因为距钻头损坏已经过去了 20 天时间，而由于这个小问题他浪费了 20 天量的材料。

现在让我们改变这个情景，将所有的库存移走。钻头的压力没有问题，但是钻头有段时间没有换过了。吉姆带着同样的问题来找小林：洞口大小和钉子大小不相符。小林这回马上就更换了钻头，这就是 JIT 背后的核心理念：缩短反馈环长度，从而提高产品质量。反之，库存增加，反馈环变长，从生产到销售中的一些问题就会被掩盖。

现在我们把第 1 个场景和第 2 个场景结合起来看。如果库存耗尽，钻头也没有维修或更换，当钻头压力出现问题以后，吉姆就不能继续工作而只能等待。在这个场景中，相对于产生库存持有成本，缺少应对缺货的缓冲库存这一问题更为严重，该笔支出本可以用来维修钻头并维持生产。所以，为了减小库存，必须及时检查钻头压力是否稳定。

成品库存

成品库存是指生产完毕、处于最终形态的库存，其中可能既有周期库存也有安全库存。由于增值，在制品库存比原材料库存的持有成本更高，而成品库存又比在制品库存的持有成本更高。一旦成品库存生产完毕，就可能发生变质、损坏、过期、被偷盗等问题。任何类型的库存都有可能发生这些情况。但是，举个例子，车相对于金属片更容易被偷盗。对生产商来说，其中一个问题就是在何处持有成品库存：工厂、单个配送中心、多个配送中心，还是客户的配送中心或几个地点的组合？当从供应商那里订货时，货物经常是一次性到达；而作为供应商，则需要等待一段时间，让生产设施先生产出客户订购的货物。因此，最佳订货量不等于最佳生产量。

备件库存

备件库存是用于组装成品库存的库存，也可用于成品的保养或维修。保养通常是提前计划好的，因此规划备件库存更像是规划一个项目，这个项目就是保养，备件需要在项目开始实施前到位。然而，当备件库存被用于维修时，其需求便不可预测了。美国一些法律规定，一类产品的生产终止以后，其备件的生产必须延续几年时间。

库存成本

在美国，如果医院在婴儿出生那天给出了一种品牌的婴儿奶粉，通常这家人就不会再给婴儿喂食别的品牌的奶粉。他们认为更换奶粉会引发婴儿的肠胃问题。这个趋势下的消费者行为场景就是，如果一家零售店没有供应特定品牌的奶粉，消费者将会去另一家有这种奶粉的零售店购买。

如果零售商遇到了这种情况，他们将不会知道销售额损失是多少，因为这段时间的奶粉需求情况是未知的。但是他们知道自己在全国范围内投入一种产品库存的钱有多少。假设一个零售商投入资金购买了一种品牌的婴儿奶粉，该零售商在全国有 3,000 家零售店，并且每家店都有价值 10 美元的该品牌婴儿奶粉，其库存总价值就为 30,000 美元。但是在库存中投入 1 美元的成本是多少呢？其中一项成本可能是零售商需要偿还的负债。因此，要得出库存持有的相关成本就要找出机会成本，也就是零售商原本能用这 30,000 美元做其他什么利润率更高的事情。从这些方面考虑，零售商如果拥有大量库存和创收机会，其库存持有成本可能十分高昂，具体金额取决于这笔钱原本能够用来做什么事情。[12]

因为机会成本很难衡量，通常如果一家公司要计算持有库存的相关成本，他们会使用加权资金成本。库存管理需要平衡各种成本。库存管理所必须考虑的一些关键问题包括：我需要多少库存？我应该使用哪种补货流程？补货流程会如何影响成本？

回答这些问题应该首先考虑成本。如果我投入了 1 美元用于库存，与此相关的成本就叫机会成本——如果不投入库存，利用这 1 美元我能得到什么。投入库存的每 1 美元原本都能被用来做其他事情。通过减少负债或不进行其他重大投资，能够降低机会成本。

有好几种方法能够计算机会成本所导致的真正成本。一个简单的方法就是：加权平均资本成本 = 债务成本 + 权益资本成本。这个等式没有计算库存以外的投资所带来的最佳收益，这个收益很难计算。

在考虑库存的储存成本时，决策者必须很小心。如果储存成本是固定的，就不应该将它包含在内，除非它是根据库存多少而定的。假设你有一个 100 万平方英尺（1 平方英尺约为 0.093 平方米）的配送中心，但是只有 75% 的面积是正在被利用的。库存占地面积占总面积的 50% ~ 80% 且存放位置很好。在这种情况下，储存费用不应该被考虑在内。但是，如果你使用的是公共仓库且收费是基于库存数量的，那么储存费用就应该被考虑在内，因为它是一个变量。损耗成本是与产品的被偷盗、损耗和变质有关的成本。你可以回顾之前的产品损耗水平及库存水平，然后进行回归分析，绘制一张平均库存水平和损耗水平的散点图，从而获取以斜率为损耗因子的回归线。一些产品的损耗率可能很高，因为这类产品体积小且昂贵，容易被偷盗。而诸如香蕉一类的商品容易变质，因此属于损耗库存。

一些产品在被销售一段时间后会过时，从而产生过时成本。当个人计算机引入 486 处理器时，在消费者眼中，之前的型号就过时了，即使从技术层面上讲并非如此。对于20世纪90年代的个人计算机供应商来说，这就是产生库存成本的最重要因素。零售商的销售价格大幅下降，制造商必须为其弥补损失。对于损耗成本的分析方法也可以用于过时成本的分析。

美国有些州会征收库存税。这些州大多人口密集，在这些地方存放的库存就可以靠近消费者密集区域。

所有库存持有成本的总和都以一年库存价值的百分比 h 表示，假设 c 为单位库存价值，那么一年持有单位库存的成本就为 $H = hc$。

库存投资、成本和估价

库存是一种资产。在资产负债表上被列为资产的库存代表的是某个时间点的库存价值，但在财务报表上不会展示库存成本。我们已经讨论过库存成本。库存成本经常用库存持有成本因子 h 表示，它基于所有库存持有成本的相关因素来确定，包括之前讨论过的那些。要计算库存持有成本，需要用库存持有成本因子乘以库存价值。要计算库存价值，需要用单位库存价值乘以库存单位数量。有时候你会想知道库存在某个时间点的价值，正如资产负债表上所表示的那样；有时你会想知道过去或未来一段时间内的库存平均价值。

在会计中，有3种计算库存价值的常用方法，包括先进先出（First-in, First-out；FIFO），后进先出（Last-in，First-out；LIFO）和平均成本法。先进先出法中，第一批入库库存的成本将分配给第一批出库库存；后进先出法中，最后一批入库库存的成本将分配给第一批入库库存；平均成本法中，平均库存成本将分配给每个库存单位。还有使用标准成本或实际成本的问题。标准成本在会计中被用来简化问题，这样就不用对每一个库存单位使用不同的成本。但是在做库存相关决策和分析库存绩效时，我们更希望使用实际成本。在计算库存当前价值时需要清楚实际拥有的库存数量，但就连弄清楚实际持有的单个库存单位数量也很困难。研究结果表明，库存数据可能存在很大偏差。库存持有节点一般会有一个追踪持有库存的永续库存系统。这个系统会在收货后增加持有库存数量，售出或消耗库存后减小持有库存数量。也有研究表明，永续库存系统的出错率很高。

永续库存的错误会导致对持有库存的价值、一段时间的平均库存、下单时机和订货量的估计错误。比如，（*Q*, ROP）补货系统是在库存水平达到 ROP 时下单。库存水平等于现有库存和订购量之和减去延期交货的库存，所以如果现有库存数值不正确，那么库存水平的数值就会不正确。在（*T*, OUL）补货流程中，订货量等于 OUL 和库存水平的差值。显然，无论使用哪一种流程，永续库存的错误都会导致库存过量（多于我们认为所应拥有的）或不足。

必须记住，库存价值和库存成本并不是一回事。有时人们将减少 100 万美元的库存错误地等同于降低 100 万美元的库存成本。减少 100 万美元的库存所降低的成本应通过将库存减少量乘以库存持有成本因子计算得出。

在（*Q*, ROP）库存系统[1]中，预计周期库存等于 $Q/2$，所以预计周期库存的持有成本为（$Q/2$）hc。安全库存等于（ROP－EDDLT），其中

1　假设库存是连续的或离散的。

EDDLT 是提前期的预计需求量，所以预计安全库存持有成本为（ROP － EDDLT）*hc*。

固定和不定订购成本

订购成本是本书讨论的另一类和库存相关的成本。有两种典型的订购成本——固定订购成本和不定订购成本。不定订购成本是以单个库存单位计的成本，固定订购成本是以一个订单计的成本。比如库存单位的单价属于不定订购成本，而整车运输（Truckload，TL）成本属于固定订购成本。但如果使用零担运输（Less Than Truckload，LTL），那么运输成本就是不定订购成本，因为 LTL 的费率是根据库存多少而定的[1]。其他固定订购成本包括下单、收货、支付发票、核对发票匹配错误所产生的成本。根据语境，本书会将固定订购成本简称为订购成本。我们讨论的最常见的不定订购成本类型包括单位成本 *c*，它通常指的是为支付库存单位而产生的成本。除此之外还有包括运输成本的单位订购成本，其产生的影响我们在库存相关决策部分已经详细讨论过了。

缺货成本

库存持有成本高昂，但不持有的成本同样高昂[13]。在库存管理中，服务水平是一个变量，但这只是从狭义上来说的。假设杂货店里有一名想购买金桔的顾客。许多人认为顾客服务就是顾客踏进店门以后的微笑待客。而我们所说的顾客服务是指，如果杂货店有金桔卖——金桔不缺

1 我们将会在第 3 章进一步讨论这种差异。

货的概率。大体来看，该店金桔的平均库存越多，则不发生缺货问题的概率越高，服务水平就越高。但是当金桔缺货时，销量流失的成本是多少呢？假设你的丈夫或妻子让你晚上去杂货店买一些某品牌奶粉。你决定外出的时候顺便也买点别的。你把一些商品放到了购物篮里，走到了婴儿奶粉区，发现想购买的某品牌奶粉已经卖光了。因为你不想在这家店结完账以后，又去下一家店买奶粉，所以你决定把购物篮里的东西都放回去，直接去下一家可能有某品牌奶粉卖的店。你开车到了另一家杂货店，买到了某品牌奶粉，顺便也买了一些别的东西。这个例子中，第一家零售商产生的成本甚至比它损失的利润还要高，因为顾客不仅仅是购买奶粉。顾客没有在第一家零售商处购买的所有商品都属于实际的流失销量。

缺货成本并不仅仅等于某品牌奶粉的利润。假设第一家杂货店里奶粉的售价为 2 美元，进货价为 0.5 美元，利润为 1.5 美元[1]。因此，奶粉销售额流失的单项成本为 1.5 美元，但同时该店也流失了其他商品的利润。

缺货成本的计算可能比较复杂，但如果能收集到所有小票数据，零售商就能够更准确地计算缺货成本。这意味着，零售商能够得出你在第一家店买奶粉时购物篮里其他所有商品的平均利润额，也能够计算出你在本店没有买到特定品牌的奶粉或其他商品而离店的概率[2]。

如果你去一家店买铅笔，发现想买的那个品牌的铅笔卖光了，一般来说你不会为了那个品牌的铅笔而去另一家店，而是会买另一个品牌的

1 这只是一种假设。

2 可能这样做的公司还很少，但是他们应该并且以后非常可能会这样做。

铅笔。如果你换一个品牌购买，之前想买的那个品牌的铅笔的缺货成本就不是其流失的利润额，因为它的利润可能和你所购品牌的铅笔差不多。所以即使出现了缺货问题，也没有流失销量。

我喜欢 X 品牌的早餐麦片，过去 25 年一直都吃这种麦片而从来不买店里卖的自有品牌麦片，因为我觉得它可能没有 X 牌麦片那么好吃。有一天我想去店里买 X 品牌麦片，但是缺货了。我发现自有品牌的麦片还有货（自有品牌就是零售商拥有的品牌）。比起 X 品牌麦片，该自有品牌麦片每盒便宜 1 美元。这时，X 品牌麦片的缺货成本就取决于我的行为。一种情况是，我可以购买自有品牌麦片，心满意足地回家，下次再买 X 品牌的麦片。如果是这样，销量流失产生的是一个负成本，因为零售商卖出了自有品牌的麦片，其利润更高，但这只是一次性的，因为我此后还是会购买 X 品牌麦片。另一种情况是，对于 X 品牌的制造商，最坏的情况就是，买了一次自有品牌的麦片后我发现它更好吃，因此以后我都购买这种麦片。如果我更喜欢自有品牌麦片，我自己购买麦片的成本降低了，但是零售商所赚的利润会增加，我的购买行为的改变让零售商从中获益了。所以 X 品牌的缺货最终对我和对零售商产生的效果都是积极的，因为通过自有品牌，零售商能够获益更多。这种类型的缺货成本通常会被忽略。

在喷墨打印机刚问世不久，惠普公司是少数几家墨盒供应商之一。如果在家办公的某人在打印方案时，发现打印机的墨用光了，他可能会去最近一家有墨盒出售的办公用品店。如果该店的墨盒卖光了，他就只能去下一家店购买所需墨盒。假设他去的第二家店有墨盒卖，并且所需商品在最近那家店铺连续好几次缺货，典型的顾客行为是，干脆不再去那家店。如果发生了这种情况，那家零售店不仅损失了一个墨盒及顾客想购买的其他商品的销售利润，还损失了未来这位顾客可能带来的所有销售利润。

但是当惠普公司第一次推出墨盒的时候，并没有其他竞争对手销售墨盒。在这种情况下，供应商的主导力量就很强大。所以，如果出现缺货问题，惠普公司并不会担心顾客会转而购买其他品牌的墨盒。与此相对，零售商就承担了所有缺货风险，因为它无法给顾客供应其他品牌的墨盒。

一段时间后，市场上出现了其他品牌的墨盒。刚开始，顾客因为担心其他品牌的墨盒质量不好，会损坏打印机，所以不会买入其他墨盒。而当惠普的墨盒缺货，一些顾客就开始尝试使用惠普以外的品牌的墨盒。虽然他们不想重新学习如何填充墨盒，但更不想开车去另一家店买惠普的墨盒。因此，一些顾客尝试了，并且从此就一直购买其他品牌的墨盒。

参考文献

[1] Hadley, George, and Thomson M. Whitin.Analysis of Inventory Systems.New York: Prentice Hall, 1963.

[2] Johnson, M. Eric, et al. “Expressions for Item Fill Rates in Periodic Inventory Systems.” *Naval Research Logistics* (*NRL*) 42.1 (1995): 57–80.

[3] Coyle, John, Edward Bardi, and E. J. Bardi.The Management of Business Logistics. New York: Langley, 1996.

[4] Zipkin, Paul.Foundations of Inventory Management.Irwin, NY: Mc-Graw-Hill,2000.

[5] Silver, Edward Allen, David F. Pyke, and Rein Peterson.Inventory Management and Production Planning and Scheduling.Vol. 3.New York: Wiley, 1998.

[6] Zipkin, P. Foundations of Inventory Management.Irwin, NY: McGraw-Hill, 2000.

[7] Nahmias, Steven.Production and Operations Analysis.Irwin, NY: Mc-Graw-Hill,2005.

[8] Coyle, John J., Edward J. Bardi, and C. John Langley.The Management of Business Logistics, New York: West Pub, 1996.

[9] Eroglu, Cuneyt, Brent D. Williams, and Matthew A. Waller. "The Backroom Effect in Retail Operations." *Production and Operations Management* 22.4 (2012): 915-923.

[10] Stassen, Robert E., and Matthew A. Waller. "Logistics and Assortment Depth in the Retail Supply Chain: Evidence from Grocery Categories." *Journal of Business Logistics* 23.1 (2002): 125-143.

[11] Schonberger, Richard J. Japanese Manufacturing Techniques: Nine Hidden Lessons in Simplicity. *Simonand Schuster.com*, 1982.

[12] La Londe, Bernard J., and Douglas M. Lambert. "A Methodology for Calculating Inventory Carrying Costs." *International Journal of Physical Distribution & Logistics Management* 7.4 (1977): 193-231.

[13] Emmelhainz, Margaret A., James R. Stock, and Larry W. Emmel-hainz. "Con-sumer Responses to Retail Stock-outs." *Journal of Retailing* 67.2 (1991): 138-147.Gruen, Thomas W., Daniel Corsten, and Sundar Bharadwaj. Retail Out-of-Stocks:A Worldwide Examination of Extent, Causes and Con-sumer Responses.Washing-ton, DC: Grocery Manufacturers of America, 2002. Corsten, Daniel, and Thomas Gruen. "Desperately Seeking Shelf Availabili-ty: An Examination of the Extent,the Causes, and the Efforts to Address Retail Out-of-Stocks." *International Journal of Retail & Distribution Management* 31.12 (2003): 605-617.Corsten, Daniel,and Thomas Gruen. "Stock-Outs Cause Walk-outs." *Harvard Business Review* 82.5(2004): 26-28.

03

库存控制方法

本章将重点讲述库存控制[1]的流程及其不确定性产生的影响。在库存控制中，需求和提前期不确定，审查间隔有时也不确定。如果需求在下单补货后大幅增加，在到货之前就可能会出现缺货问题。如果需求稳定，但提前期比预计的长，也可能出现缺货问题。事实上，需求和提前期都是不确定的，它们都会对库存控制系统的整体绩效产生很大影响。除了需求和提前期的不确定性，库存管理中的任务执行也存在不确定性。第 5 章“库存流程的离散事件的仿真分析”会针对这种类型的不确定性展开讨论。

库存管理流程中的不确定性

对于一个特定的库存单位，有许多影响其实际销量的因素：天气、店里的顾客数量、同类产品的缺货情况、广告、促销、人口变动、堵车、社交媒体、价格、位置、品类深度和宽度、停车场扩建、修路、新闻报道等。类似地，有很多影响提前期的因素：距离、订单接收流程、拣货流程、产品可用性、发货流程、承运人可靠度、运输模式等。再加上提前期需求（Demand During Lead Time，DDLT）的不确定性，不确定因素太多了。

假设一个零售商的配送中心从供应商那里订购了某种洗涤剂。表 3-1

1　在过去这几年中，本书作者之一学习了大量关于库存理论的教材，并让学生也学习这些教材。这本书和其他同类书的不同之处在于，本书是应用导向的，但我们也感激那些伟大的作品。

展示了 60 个订单的 DDLT 情况[1]。

表 3-1 零售商配送中心的 DDLT 情况

订单	DDLT	订单	DDLT	订单	DDLT	订单	DDLT
1	61	16	39	31	38	46	33
2	41	17	55	32	29	47	45
3	47	18	31	33	44	48	51
4	44	19	61	34	69	49	50
5	53	20	53	35	63	50	50
6	46	21	59	36	48	51	35
7	36	22	42	37	47	52	77
8	57	23	31	38	51	53	50
9	35	24	61	39	64	54	65
10	32	25	58	40	44	55	29
11	49	26	70	41	50	56	31
12	67	27	38	42	57	57	34
13	52	28	58	43	43	58	69
14	46	29	53	44	53	59	54
15	35	30	34	45	47	60	47

假设配送中心为 200 家零售店服务。配送中心在某供应商那里下单以后，会追踪并汇总各零售店订货量，直到收到货物可供销售或使用。所以，表 3–1 展示的 DDLT 不确定性是需求和提前期不确定性[2]共同作用的结果。图 3–1 是表 3–1 的图形化表示。图 3–1 的横轴是订单数，竖轴是 DDLT，没有特定模式，变化是随机的。

不确定性的经验分布

图 3–2 是 DDLT 的柱状图，横轴代表需求区间，竖轴代表频率。例如，

1 所有观测结果中，DDLT 的差异都是由随机性导致的。即我们假设没有季节性变动、趋势或其他随机因素，比如价格变动或竞争性反应。本章之后会讨论竞争性反应对库存管理产生的影响。

2 至此及之后的很多时候，我们讨论的都是 DDLT。但我们也会分开讨论对需求和对提前期的预估。

有两个订单的 DDLT 小于等于 30 个库存单位，有 10 个订单的需求大于 30 且小于等于 35，等等。这些数据可以转化为 DDLT 的经验概率分布。

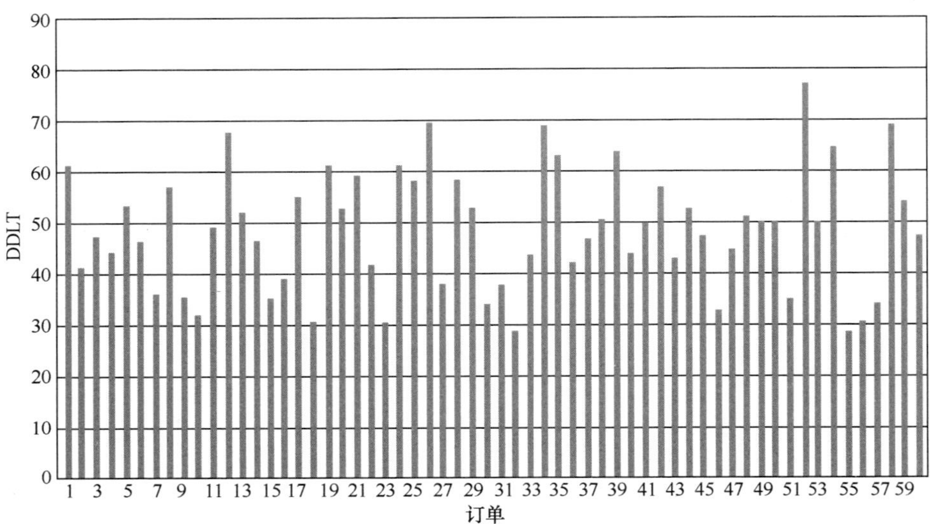

图 3-1　配送中心的 DDLT

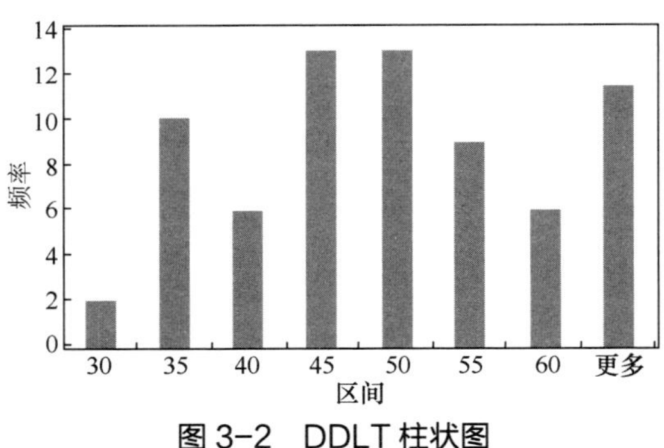

图 3-2　DDLT 柱状图

表 3-2 展示了将柱状图转换为经验概率分布的方法。每个区间的概率观测值都是用频率除以观测总数得到的。比如，小于等于 30 的区间总数为 2，因此概率就是 2/60 = 0.03。你甚至可以为每个 DDLT 的实际水平设定区间。

表 3-2　DDLT 的经验分布

区间	频率	概率
0 ～ 30	2	0.03
31 ～ 35	10	0.17
36 ～ 40	6	0.10
41 ～ 45	13	0.22
46 ～ 50	13	0.22
51 ～ 55	9	0.15
56 ～ 60	6	0.10
更多	11	0.18
合计	60	

表 3–2 对应的柱状图是图 3–3。

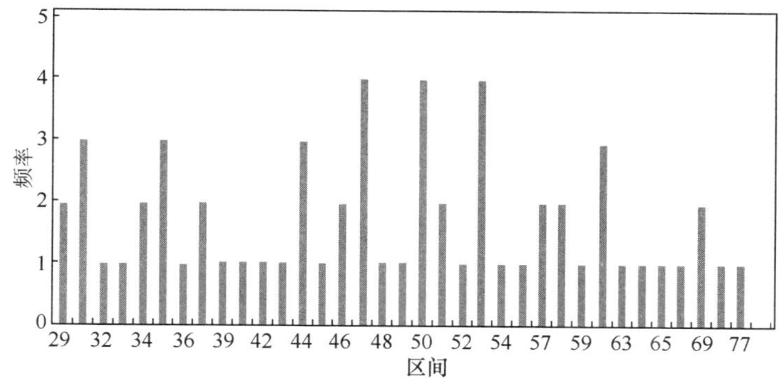

图 3–3　DDLT 柱状图

比较图 3–3 和图 3–2 会发现，图 3–2 更接近于正态分布，但其区间总数仅为 60，所以没有特别接近正态分布，只是相对于图 3–3 更加接近。表 3–3 将柱状图转化为对应的经验概率分布。

表 3-3　经验概率分布

区间	频率	概率
29	2	0.03
31	3	0.05

续表

区间	频率	概率
32	1	0.02
33	1	0.02
34	2	0.03
35	3	0.05
36	1	0.02
38	2	0.03
39	1	0.02
41	1	0.02
42	1	0.02
43	1	0.02
44	3	0.05
45	1	0.02
46	2	0.03
47	4	0.07
48	1	0.02
49	1	0.02
50	4	0.07
51	2	0.03
52	1	0.02
53	4	0.07
54	1	0.02
55	1	0.02
57	2	0.03
58	2	0.03
59	1	0.02
61	3	0.05
63	1	0.02
64	1	0.02
65	1	0.02
67	1	0.02

续表

区间	频率	概率
69	2	0.03
70	1	0.02
77	1	0.02

用正态分布表示不确定性

表 3-3 可以用来表示 DDLT 的概率分布。表 3-3 的区间间隔更小，更贴近实际。然而只有 1 个等于 55、2 个等于 57 的观测值，没有等于 56 的观测值，这意味着，如果我们要使用这个分布来表示 DDLT，就不可能出现库存单位为 56 的情况。这似乎并不是一个合理的假设。所以，我们可以用表 3-2 来简化需求分布的表示，关键在于如何为区间选择恰当的间隔大小。区间间隔不同，经验分布就会不同。有时这些分布可以很有用，但用起来通常很难，因此我们会用正态分布或其他连续分布来近似地表示它们。由于表 3-1 中的平均值为 49、标准差为 12，因此本例使用平均值为 49、标准差为 12 的正态分布。

正态分布的问题在于，它可以有负值，但 DDLT 是不能有负值的。所以，如果负值概率大于 0.01，就不应该使用正态分布来近似地表示了。为了在 Excel 中进行验证，使用函数“=NORMDIST（0,49,12,1）”，结果为 0.00002，远远小于 0.1。参数“0”表示小于 0，“49”为平均数，“12”为标准差，“1”为累积分布。可以理解为：在平均数为 49、标准差为 12 的正态分布中，值小于 0 的概率为 0.00002，即 100,000 次中会发生两次值小于 0 的情况。如果结果大于 0.01，就可以使用伽马分布。我们会在之后讨论这个分布。

库存补货流程

本章使用了很多图来表示库存控制系统。如果你是一名供应链经理，你需要能够绘制这样的图来表达想法或向别人提出问题。如果对方也擅长绘图，你们在进行微妙想法和概念的交流时就会更有效率。不幸的是，根据作者的经验，很少有人掌握这个能力。库存管理对于供应链管理的成功十分重要，而供应链经理如果没有掌握这种能力，供应链的效率就会降低，创造力也会受到限制。如果人们在描述补货流程时表述含糊，表面上这个流程可能会显得很有创意、很有吸引力；然而，在经过深思熟虑以后，他们会发现，某些环节其实是有着重大缺陷的。我们希望帮助你培养使用图表来严谨地讨论补货流程的能力。你的交流、创造和创新能力也会因此得到显著提升。

要注意，关于图表的某些讨论可能会很冗长。但是我们相信，这对于获取使用图表进行与库存流程有关的交流的专业能力来说是十分必要的。

库存补货流程基础

关于库存模型，有两件需要考虑的事：使用连续审查还是定期审查以及使用连续库存水平还是离散库存水平。在连续审查[1]系统中，

1　我们称之为连续审查，但是它或许应该被称作连续审查和连续反应。

库存水平是被持续监测的，一旦达到 ROP 就下单。在定期审查系统中，只在特定时间点下单。库存控制系统可以采用连续库存水平，比如对燃料；或者采用离散库存水平，比如对成箱的糖果。我们首先讨论连续审查、连续库存水平的情况。图 3-4 所示为一个使用（Q, ROP）补货流程的系统。

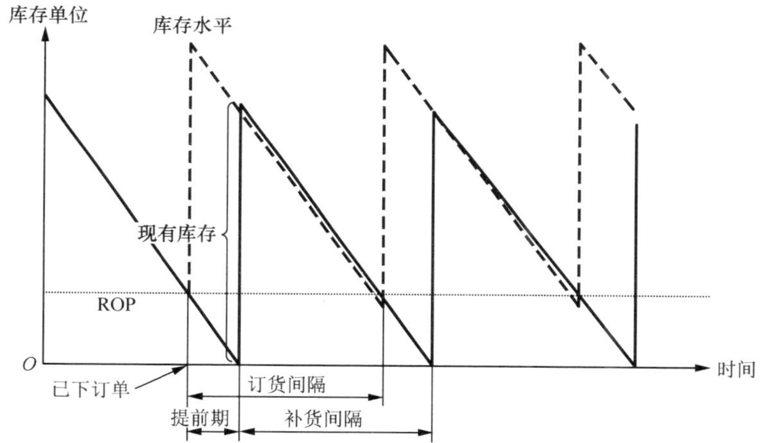

图 3-4　连续审查、连续库存水平、使用（Q, ROP）补货流程的库存系统

横轴表示时间，纵轴表示库存单位。可以看到，从原点开始现有库存是逐渐减少的。这条线的斜率是库存消耗比率或需求比率的负值。比如，这个斜率可能为每天 −2 个库存单位，那么需求就是每天 2 个库存单位。斜率不变表示需求不变。虽然需求持续不变是不现实的，但是在讨论的最开始我们假设如此。因为一旦需求变成不确定的，一切都会变得复杂起来。之后我们会抛弃这个不现实的假设。正如你所看到的，当订购成本大于周期库存持有成本时，订货量小于经济订货量。沿着现有库存曲线往下，你会发现它最终会和标记为 ROP 的虚线相交。（Q, ROP）系统的 ROP 是应该下单时的库存单位数量。

库存水平

回顾一下，对于（*Q*, ROP）补货流程而言，补货不是由特定时间点触发，而是由特定的库存水平触发。并且，库存水平等于现有库存加上订购库存再减去延迟交货的库存。假设没有延迟交货和未完成的订单，现有库存等于库存水平。所以，现有库存水平已经到达了 ROP。注意，在 ROP，库存水平会大幅提升。这是因为这时的库存水平等于现有库存加订购库存。（*Q*, ROP）流程的订货量为 *Q*，所以虚线代表库存水平，实线代表现有库存。另外还需要注意 *x* 轴下面的提前期。提前期是从订货到收货后货物可供使用之间的时间。

请注意，提前期的库存水平的斜率等于现有库存的斜率，但提升了 *Q* 个单位[1]。在提前期末尾，库存水平和现有库存都上升了，这是因为在这个例子中不存在未完成订单。订货时间点左边的括号（{）表示收货量或订货量 *Q*。注意在 *x* 轴下方有另外两个时间间隔，分别代表订货间隔和补货间隔。由于需求和提前期都是常数，这两个时间间隔是相等的，也不需要安全库存，所以你会发现，只要现有库存变为 0，就会收到补货。

图 3–5 和图 3–4 相似，都表示连续审查、连续库存水平、使用（*Q*, ROP）补货流程的系统，并且需求和提前期已知且恒定，我们拥有相关

1　在本章后面部分我们将看到，甚至在下单之前，库存水平都是可以高于现有库存的，当提前期比下单时间间隔长就会如此。

数值。横轴代表时间，竖轴代表库存单位。本例中，提前期是 4 天（L=4），日销量等于 10 个库存单位。这意味着，提前期的销量等于每日的 10 个库存单位乘以 4 天，也就是 40 个库存单位。为了避免缺货，库存水平降为 40 的时候就下单补货。因此，ROP 等于 40 个库存单位（ROP=40）。本例中，订货量为 100 个库存单位（Q=100），所以（Q, ROP）=（100 个库存单位，40 个库存单位）。在图中，ROP 以横向虚线表示。让我们从 t=0，即下单的时间点开始看。我们把在这个时间点下的订单称为 1 号订单。如你所见，库存水平增加了 100 个库存单位，所以现在的库存水平等于 100+40=140 个库存单位。接下来我们来看 t = 4 时，收到了货物，现有库存和库存水平都上升为 100 个库存单位。现在，为了计算补货间隔 T 对应的天数，我们用订货量除以日平均销量，即 T = Q/d = 每单订购 100 个库存单位 / 每天销售 10 个库存单位 = 10 天。所以补货间隔等于 10 天，提前期等于 4 天，即 L = 0.4T。提前期和补货间隔的比值是一个重要的变量。相关内容本章之后会进一步讨论。

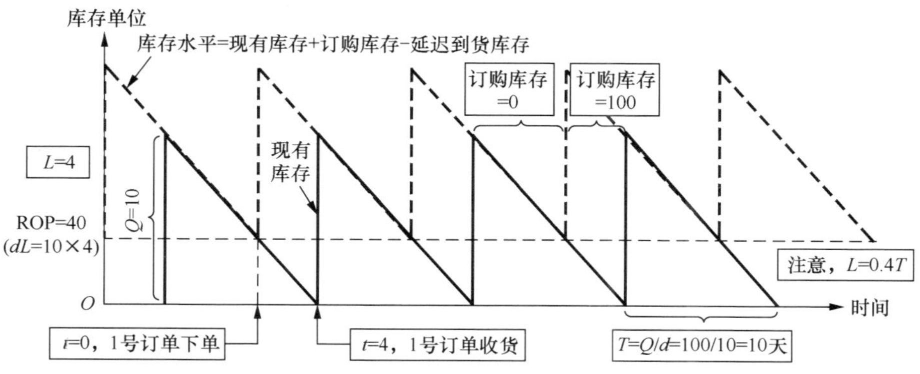

图 3-5　连续审查、连续库存水平、使用（Q, ROP）补货流程的库存系统的示例

除了提前期为 10 天而不是 4 天以外，图 3–6 和图 3–5 所表示的系统的其他方面都是相同的。在这个例子中，提前期等于补货间隔，比值为 1。注意库存水平始终比现有库存多 100 个库存单位，让我们来看看这是为什么。首先看 $t = 0$，即收货的时间点，收货的同时也下了订单，因为接收订单和收货所花费的时间一样长。

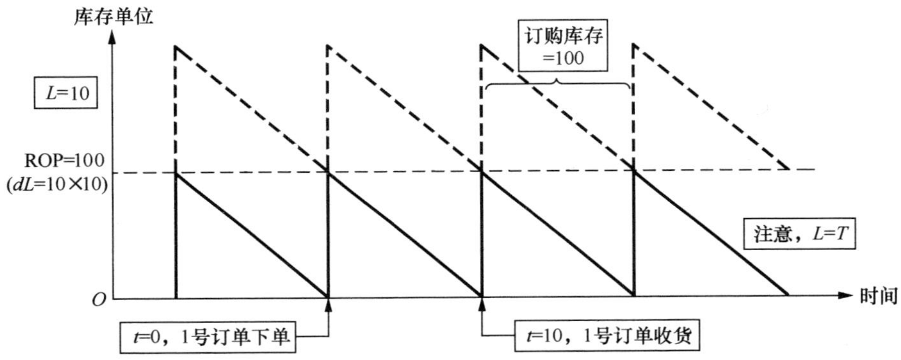

图 3–6　连续审查、连续库存水平、使用（Q, ROP）补货流程、提前期为 10 天的库存系统的示例

除了提前期为 14 天以外，图 3–7 和图 3–5、图 3–6 所表示的系统的其他方面都是相同的。由于提前期比补货间隔长，库存水平始终大于现有库存。注意在 $t = 0$ 的位置下单时，还存在一个未完成订单；在 $t = 4$ 的位置，前一个订单被接收了；在 $t = 14$ 的位置，在 $t = 0$ 时下的订单被接收了。这个例子中的提前期和需求已知且恒定；但当两者是不确定的变量时，若提前期和补货间隔的比值大于 1，管理起来就会很困难，因为下单时还有未完成的订单。

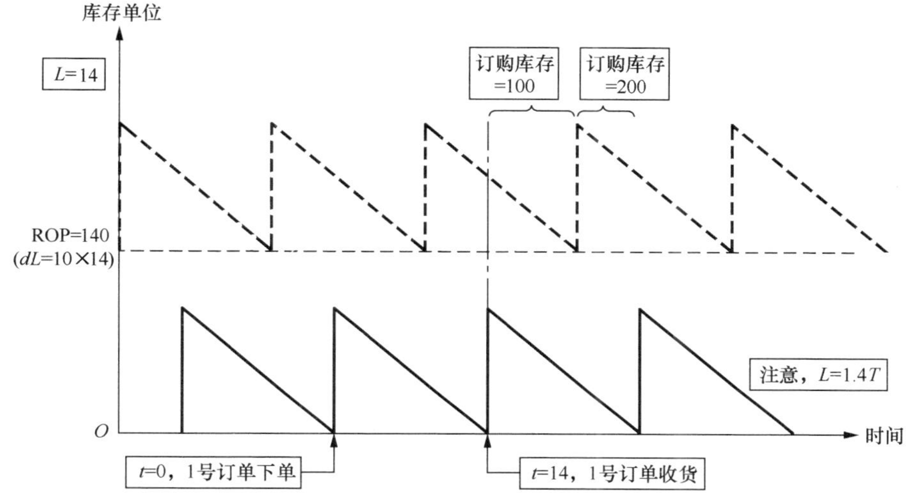

图 3–7　连续审查、连续库存水平、使用（Q, ROP）补货流程、提前期为 14 天的库存系统的示例

提前期需求

如果需求比率升高或提前期延长，或两者同时发生，DDLT 就会增加。类似地，由于需求或提前期不确定，或者两者均不确定，DDLT 也不确定。现实情况中，需求和提前期都是不确定的。假设补货流程仍然为（Q, ROP），但是需求和提前期不确定。图 3–8 是 DDLT 的概率分布。

图 3–8 的横轴是 DDLT，竖轴是概率密度。曲线下方区域表示概率。该区域总面积为 1，概率是在 0 到 1 之间的。预计或预测的 DDLT 在概率分布图上被标出。如果你将 ROP 设置为提前期预计需求量的话，那么基于这张概率分布图，提前期会经常缺货。所以应该提升 ROP，正

如图 3-8 中标识出来的那样。保护期存货现存率 PPIS 是 ROP 以上、曲线以下的区域。从图 3-8 上看该区域好像占了 90%，所以 PPIS = 0.9。记住，对于使用（Q, ROP）补货流程的连续审查库存系统，除了提前期，其他情况是不可能缺货的。所以对于这个流程，PPIS 就是提前期不发生缺货问题的概率，这时候的提前期就是安全期。注意 ROP 是由提前期预计需求加上安全库存计算得出的。回顾一下，安全库存是补货到货且可用时的预计现有库存。安全库存是用来预防缺货的。如果增加安全库存，PPIS 也会提高。

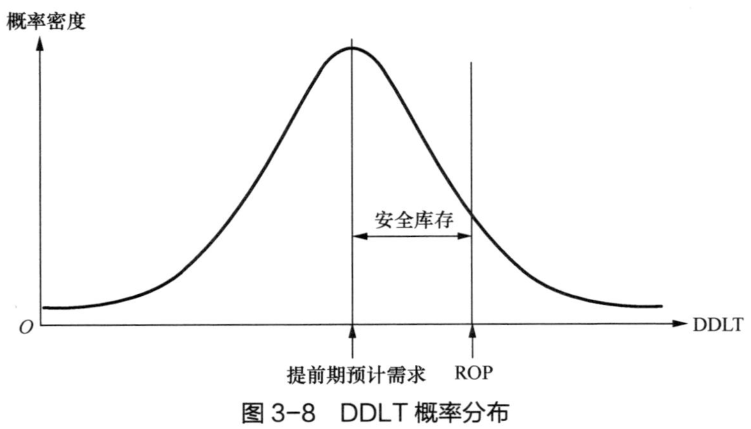

图 3-8 DDLT 概率分布

如果我们使用正态分布来表示提前期预计需求，我们需要估计 DDLT 的平均值和标准差。方法有很多。我们可以求出过去一段时间的平均值和标准差。可以使用 Excel 里的函数“=NORMINV（PPIS,MEAN, STANDARD DEVIATION）”，通过给定的 DDLT 平均值和标准差来获取具有目标 PPIS 值的 ROP。还可以使用预测模型，比如可以预测每日需求量，计算预测错误的标准差，然后计算 DDLT 的平均值和标准差。要计算提前期的预计需求量，我们需要用预计每日需求量乘以提前期平均值，得到提前期预计需求量。在计算出 DDLT 标准差以后，我们可以使用以下公式[1]：

$$\sigma_{\mathrm{DDLT}} = \sqrt{\bar{L} \times \sigma_{\mathrm{FE}}^2 + \bar{d}^2 \times \sigma_L^2}$$

其中：

σ_{DDLT} =DDLT 标准差；

$\bar{L}$ = 提前期平均值；

σ_{FE}^2 = 预测错误标准差；

$\bar{d}$ = 每个时期的需求预测值；

σ_L = 提前期标准差。

请注意，我们既使用了每个时期的需求预测值，也使用了预测误差的标准差。使用后者的一个好处是，如果你能预测，就不再需要安全库存了。如果你使用安全库存来应对缺货，而你又能在需求高度不确定的情况下，如需求标准差反映出来的那样准确预测需求，那么你就不再需要那么多的安全库存了。

表 3–4 给出了 60 天的预测误差及 60 个订单的提前期。

表 3-4　需求预测误差

预测误差	提前期
11.49	1
8.15	1

1　该公式来自取代表提前期的随机变量的随机和的方差，该随机变量和用 $\sum_{i=1}^{L} X_i$ 表示，其中 L 是代表提前期的变量，X_i 代表单位 DDLT 随机变量，然后再计算 $\left(\sum_{i=1}^{L} X_i\right)$。

续表

预测误差	提前期
（10,46）	1
（11,97）	1
9.83	1
8.46	1
12.17	1
（6,54）	1
（11,27）	1
6.95	1
7.18	1
（8,38）	1
（6,39）	1
（7,80）	1
（7,54）	1
（6,50）	2
7.10	1
（6,03）	1
7.67	1
（6,57）	1
6.33	1
（6,50）	1
7.65	1
6.09	1
10.73	1

续表

预测误差	提前期
6.61	1
（6,49）	1
6.18	1
（7,48）	1
（8,60）	1
（7,60）	1
7.76	1
（6,80）	2
（7,09）	1
（7,51）	1
（7,93）	1
9.90	1
6.26	1
（7,39）	1
6.73	1
（6,15）	1

预测误差的标准差的计算结果为每天 8 个库存单位，提前期的平均值和标准差的计算结果分别为 1 天和 0.18 天。假设预测值为每天 49 个库存单位，那么提前期内需求预测的标准差如下。

$$\sigma_{\mathrm{DDLT}} = \sqrt{\overline{L} \times \sigma_{\mathrm{FE}}^2 + \overline{d}^2 \times \sigma_L^2}$$

$$\sigma_{\mathrm{DDLT}} = \sqrt{1 \times 8^2 + 49^2 \times 0.18^2}$$

结果约为每天 12 个库存单位。现在，提前期预计需求量等于预测的每天 49 个库存单位乘以预计提前期 1 天，结果为 49。我们可以使用 Excel 函数“=NORMINV（PPIS, 均值 , 标准差）”来获取 ROP。所以，如果希望 PPIS = 0.95，“=NORMINV（0.95,49,12）”的计算结果就应为 69 个库存单位。也就是说，如果使用（Q, ROP）流程，当库存水平为 69 的时候下单，那么保护期内 95% 的时间都不会缺货。如果像表 3-1 那样，你观测到了每单的 DDLT，就不需要使用下述公式。

$$\sigma_{\mathrm{DDLT}} = \sqrt{\bar{L} \times \sigma_{\mathrm{FE}}^2 + \bar{d}^2 \times \sigma_L^2}$$

此时，我们可以直接使用表 3-1 计算得出的平均值和标准差。

图 3-9 所示为现有库存叠加 DDLT 概率分布。

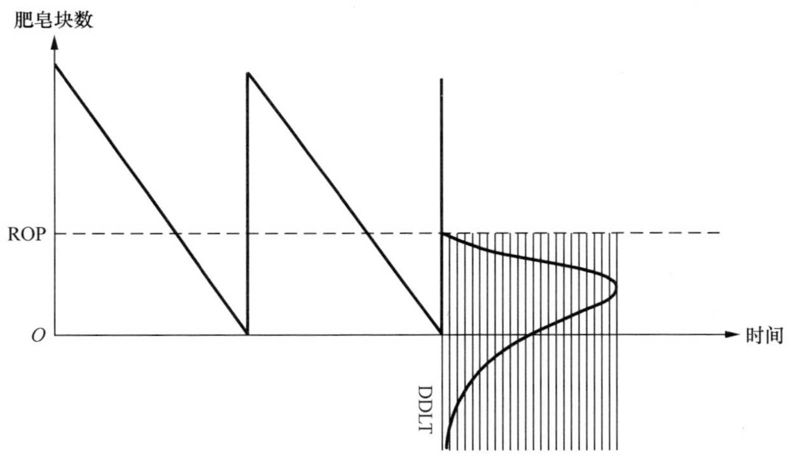

图 3-9　现有库存叠加 DDLT 概率分布

图中的 ROP 位置越高，就会有越多的 DDLT 分布被包围。PPIS 是 ROP 与横轴之间、处于概率分布曲线以下的区域。

图 3-10 也展示了提前期预计需求量和安全库存。

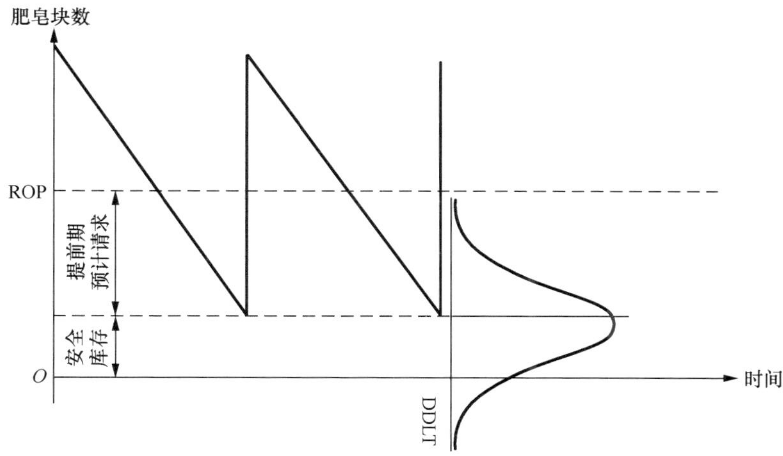

图 3-10 提前期预计需求和安全库存

从图上可知，假设不确定性不变或变大，如果 ROP 不变，而提前期预计需求上升，安全库存会显著减少。

图 3-11 展示的是（*T*, OUL）补货流程。横轴代表时间，竖轴表示库存单位，在本例中为肥皂块数。横向虚线表示 OUL；q1 表示所订的第 1 批货，q2 表示第 2 批货；点划线表示审查的时间点；加粗的点划线表示收到货物且可用的时间点；加粗的双头箭头代表提前期；普通的双头箭头代表审查间隔，实波浪线表示现有库存；点划虚线表示库存水平。

从图中可知，审查间隔期间没有未完成订单，并且现有库存正在减少。由于需求是随时间变化的，因此以曲线而不是直线表示。第 1 个审查点处下了第 1 个订单。可以看到，库存水平高于提前期内的现有库存。在提前期末尾，库存水平和现有库存一起增加，后者增加了 q1。此过程会继续下去。此外，第 2 个补货间隔的现有库存比第 1 个补货间隔减少得更慢。这是因为第 2 个间隔的需求量低于第 1 个间隔。结果就是第 2 次审查时订货量也减少了，如图 3-11 所示，q2 < q1。

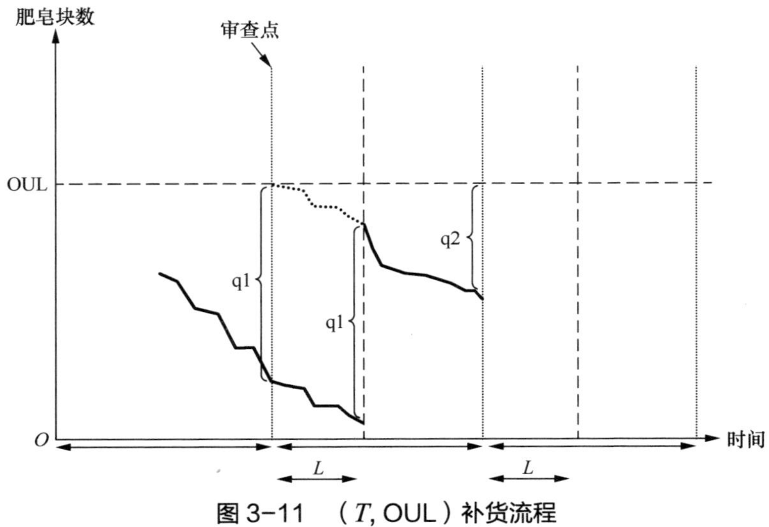

图 3-11 （T, OUL）补货流程

由图 3-12 可以看出，不像（Q, ROP）流程，（T, OUL）流程的系统在 T 和 L[1] 期间随时都可能缺货。

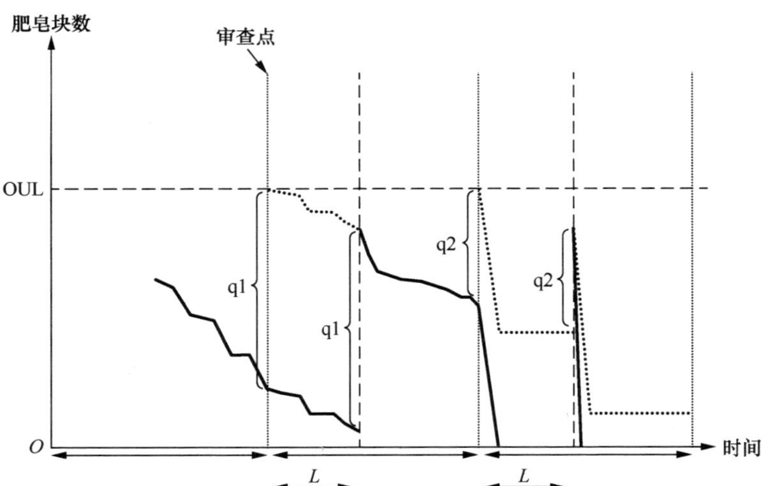

图 3-12 使用（T, OUL）流程，在 T 和 L 期间随时都可能缺货

1 回顾一下，使用（Q, ROP）流程时，只有在 L 期间才可能发生缺货问题。

从图 3–12 可以看出，在订购 q2 以后，销量大幅上涨，导致很快就出现了缺货。在 L 的末尾，q2 到货了，此时我们发现订购量太少，但已经晚了。需求量居高不下，在 q2 到货后，仍然很快就出现了供不应求的现象。从下一次审查间隔到下一个提前期之前，系统都处于缺货状态。因此，（T, OUL）流程的保护期等于 $T+L$。因此，设置安全库存时必须考虑整个保护期。

之后，为了估算提前期加上审查间隔的需求标准差，可以使用以下公式。

$$\sigma_{\mathrm{DDLT}} = \sqrt{\left(\overline{L} + \overline{T}\right) \times \sigma_{\mathrm{FE}}^2 + \overline{d}^2 \times \left(\sigma_L^2 + \sigma_T^2\right)}$$

其中，

σ_{DDLT} =DDLT 标准差

L= 提前期平均值

T= 审查间隔平均值

σ_{FE}^2 = 预测误差标准差

d= 每个时期的需求预测值

σ_L = 提前期标准差

σ_T = 审查间隔标准差

然后可以使用 Excel 函数“=NORMINV（PPIS，审查间隔平均值 + 提前期平均值，审查间隔与提前期之和的标准差）”来获取 OUL 值。

虽然我们一直使用的是正态分布，但伽马分布也是可用的。伽马分布的优势在于，它的取值范围是从 0 开始的，而正态分布是从负无穷到正无穷。

伽马分布需要两个参数，阿尔法（α）和贝塔（β）。

$$\alpha = \frac{\mu^2}{\sigma^2}$$
$$\beta = \frac{\sigma^2}{\mu}$$

α 和 β 在计算 ROP 时应该基于 L，而在计算 OUL 时应该基于 $T+L$。之后可以使用 Excel 函数“=GAMMAINV（PPIS,ALPHA,BETA）”来获取 ROP 或 OUL 的值。对于销量很少的库存单位，伽马分布可能是优于正态分布的，其中的技术原因我们在这里暂时不深究。回到之前（Q, ROP）流程的例子，如果使用伽马分布，则有以下式子。

$$= \text{GAMMAINV}\left(0.95, \frac{49^2}{12^2}, \frac{12^2}{49}\right)$$

结果为 70 个库存单位。回顾一下，正态分布的结果为 69 个库存单位。现在假设正态分布的平均值为 1，标准差为 5，得出的 ROP 为 5；而伽马分布得出的 ROP 等于 9。更糟糕的是，这种正态分布有 40% 的观测值都小于 0，而伽马分布中没有为负的观测值。

你可能会想到使用泊松分布这种离散概率分布方法。问题在于，Excel 中没有反函数，所以你必须自己制作一个表格。假设泊松分布对应的平均 DDLT 为 0.5 个库存单位。为了在 Excel 中计算给定 DDLT 所对应的 PPIS，使用函数“=POISSON（DDLT, 提前期平均需求 ,1）”。在这个例子中，如果给定的 DDLT 等于 2，那么“=POISSON（DDLT,0.5,1）”的结果约为 0.986。你可以制作一个类似表 3–5 的表格。

表 3-5 累积泊松分布

需求	累积泊松
0	0.60653066
1	0.90979599

续表

需求	累积泊松
2	0.98561232
3	0.99824838
4	0.99982788
5	0.99998584

表格的累积泊松列和需求列分别对应的是 PPIS 和 DDLT 的值，然后就可以计算出相应的 ROP。你可能发现了，“=POISSON（DDLT, 提前期平均需求，1）”并不需要标准差作为参数。这是因为泊松分布的方差等于平均值。另外，该函数的最后一个参数“1”会告诉 Excel 我们要的是累积泊松分布。如果将“1”改成“0”，返回的就会是概率而不是累积概率，具体见表 3–6。

表 3-6 概率质量

需求	累积泊松	概率
0	0.60653066	0.60653006
1	0.90979599	0.30326533
2	0.98561232	0.07581633
3	0.99824838	0.01263606
4	0.99982788	0.00157951
5	0.99998584	0.00015795

所以，如果将 ROP 设为 2，那么 PPIS 约为 0.986。表格最后一列显示 DDLT 为 2 的概率约为 0.076。

现实中存在许多混合型补货流程。我们先来看一个（*T*, OUL）的混合形式。假设我们向一个现有的（*T*, OUL）流程中添加了 ROP，当到达审查点时，如果库存水平小于 ROP，订货量就等于库存水平和 OUL 之间的差值。那么，这个（*T*, OUL, ROP）流程的平均库存水平会提高、降低，还是和原来一样呢？如果没有 ROP，每次审查我们都会下单，而有了 ROP 以后就不是这样了。把 ROP 加到（*T*, OUL）流程中的结果就是平均库存水平会下降。还有许多其他的混合型流程。其中许多流程的建模很难，需要对（*T*, OUL）和（*Q*, ROP）这两个流程有深入的理解，然后再思考某些变量具体是如何影响库存水平和保护期的。一个新流程被创造出来以后，多仔细思考总是好的，想想新加入的环节在整体上会对失败风险和保护期产生什么影响。

正如我们一直强调的，如果能用图示表达自己的想法，你就会更倾向于对流程绩效和可能失败的环节进行仔细审度。你可以利用这些图示进行头脑风暴，想出多种可能发生的情况，从而更好地思考各环节是如何影响保护期的。如果你有一个擅长库存管理、能够使用库存图示讨论新库存系统或现有系统改动的同事，图示就更能派上用场。除了绘制库存图示的能力，建立流程的离散事件仿真模型的能力也很重要。

可以使用 Excel 或离散事件仿真软件来建立离散事件仿真模型。你可以使用这些工具对补货流程等的商业流程进行建模，还可以在其中加入需求和提前期的不确定性。关于库存图示讨论了这么多，现在我们可以仔细地把流程图绘制出来，然后就可以进行离散事件仿真了。

在对库存流程进行离散事件仿真时，你需要知道流程的工作细节。实际上，离散事件仿真有大量需要指定的参数。通常，由于有些参数没有指定，模型最开始的几次运行都会出现问题。这时候我们需要对被建模的流程进行更为细致的思考。在之前对于（*T*, OUL）和（*Q*, ROP）流程的讨论中，我们给出了估算 OUL 和 ROP 值的公式。即使是这些流程，对其许多分布我们也无法给出估算 OUL 和 ROP 值的公式。这种情况就需要离散事件仿真了。许多混合型流程十分复杂，离散事件仿真就成了较为合适的选择。离散事件仿真所涉及的技能水平各异，然而对于库存管理相关从业者来说，至少需要掌握在 Excel 中进行粗略仿真的能力。

补货间隔的预计缺货数量

现在让我们回到（Q, ROP）流程，讨论其最佳订货量。首先我们必须考虑特定订货量的总成本。对于特定订货量，预计的周期库存和 SS（安全库存）的持有成本分别为（$Q/2$）$\times hc$[1] 和（ROP−EDDLT）$\times hc$。每年的订单数为 D/Q，所以如果每单成本为 S，年度订购成本就为（D/Q）S。每个提前期都有可能发生缺货和销量流失。补货间隔的预计缺货数量如下。

$$U\left(\mathrm{ROP}\right)=\int_{x=\mathrm{ROP}}^{\infty}\left(x-\mathrm{ROP}\right)f\left(x\right)\mathrm{d}x$$

以下为损失积分[1]。我们将会展示如何在 Excel 中使用正态分布计算损失积分。

$$\begin{aligned}U\left(\mathrm{ROP}\right)&=\int_{x=\mathrm{ROP}}^{\infty}\left(x-\mathrm{ROP}\right)f\left(x\right)\mathrm{d}x\\&=\sigma_{\mathrm{DDLT}}\mathrm{NORMDIST}\left(Z,0,1,0\right)-\left(\mathrm{ROP}-\mathrm{EDDLT}\right)\left[1-\mathrm{NORMDIST}\left(Z,0,1,0\right)\right]\end{aligned}$$

在上述公式里，Z 是高于提前期平均需求的标准偏差大小，以 ROP 表示。如果使用函数“=NORMDIST（ROP,EDDLT, σ_{DDLT},1）”来获取

---

1 库存持有成本是 h，所以 hc 是一年持有一个库存单位的成本。用年平均库存乘以 c 可以得到平均库存投资。

PPIS，之后就可以使用“=NORMSINV（PPIS）”来获取 Z 的值，然后再应用损失积分公式。

使用表 3-1 的例子，假设我们将 ROP 设为 52 个库存单位，代入下面的公式。

$$=\text{NORMDIST}(\text{ROP,EDDLT},\sigma_{\text{DDLT}},1)$$

“=NORMDIST（52,49,12,1）”的结果为 0.5987。然后使用函数“=NORMSINV（PPIS）=NORMSINV（0.5987）”，得到结果为 0.25，也就是 Z 的值。现在，为了获取补货间隔的预计缺货数量，使用如下公式。

$$U(\text{ROP}) = \int_{x=\text{ROP}}^{\infty} (x - \text{ROP}) f(x)\,\mathrm{d}x$$

$$= \sigma_{\text{DDLT}}\text{NORMDIST}(Z,0,1,0) - (\text{ROP} - \text{EDDLT})[1 - \text{NORMDIST}(Z,0,1,0)]$$

$$= 12 \times \text{NORMDIST}(0.25,0,1,0) - (52 - 49) \times [1 - \text{NORMDIST}(0.25,0,1,0)]$$

结果为每个补货间隔预计缺货 3.4 个库存单位。现在，假设预计单位缺货成本为 10 美元，那么每次下单的预计失销成本大约为 34 美元，这又是一项订购相关成本。假设只使用 TL[1]，每车运费为 150 美元；其他订购相关成本包括应付账款成本、收货成本等，共计 20 美元。订购相关总成本就为 150+34+20=204 美元 / 单。

年度总成本和订货量的函数关系

由于每年的补货次数为（D/Q）[2]，每年的预计缺货量就为（$D/$

1　我们假设你使用的是 TL，即使卡车没有达到 100% 的利用率。

2　D 是预计年需求。

Q）U(ROP)。假设单位成本为 m，每年的预计缺货成本就为 m（D/Q）U(ROP)。在途库存的持有成本为（$L/365$）$\times D\times hc$。如果提前期以天计，分母就为 365 天；如果以周计，分母就为 52 周，依此类推。所以预计成本如下。

$$C\left(Q\right)=Dc+\frac{D}{Q}\left[S+mU\left(\text{ROP}\right)\right]+\left[\frac{Q}{2}+\left(\text{ROP}-\text{EDDLT}\right)+\frac{LD}{365}\right]hc$$

现在，我们来讨论如何在这次分析中加入运输成本。TL 费用基于点到点的服务，即运输费用是根据承运人从 A 地到 B 地的费率计算的。如果使用 TL，只要货物容量小于整车容量，费用就和货物多少无关。这种情况下，订购成本组成就新增了 TL 成本，因为每次下订单都会产生 TL 成本。

另外，如果货物装不满整车，运输成本就是基于重量计算的。TL 费率[2]最开始基于美国的全国汽车货运协会（National Motor Freight Traffic Association，NMFTA）发布的国家汽车运费分级（National Motor Freight Classification，NMFC）所规定的产品类别，然后根据出发地和目的地之间的税费及承运人给出的折扣，最后根据运输货物的数量来计算。因此，以货物重量为基础的运输费率可以换算成单位成本。运输成本由此成为货物价值 c 的组成部分，如果使用 TL，运输成本算入订购成本；如果使用 LTL，运输成本算入单位成本。通常来说，如果运输成本基于订单而不是订货量，运输成本就应该算入订购成本，而如果基于运输货物质量则应算入单位成本。

用总成本函数对 Q 求导数，让等式右边等于 0，得到以下式子。

$$\frac{\partial C}{\partial Q}=\frac{hc}{2}-\frac{D}{Q^2}\times\left[S+mU\left(\text{ROP}\right)\right]=0$$

解出 Q，得到 EOQ[3]。

$$Q=\sqrt{\frac{2D\left[S+mU\left(\mathrm{ROP}\right)\right]}{hc}}$$

取二次导数。

$$\frac{\partial^2 C}{\partial Q^2}=2\times\frac{D}{Q^3}\times\left[S+mU\left(\mathrm{ROP}\right)\right]>0$$

结果大于 0，代表这是个凸函数，所以我们已经找到了唯一的最小值。

上述结果也可以通过离散经验分布得到。最优解可能是使用 TL，但不将卡车全部装满。也就是说，相较于 LTL，TL 花费更少，但在使运输工具的利用率达到 100% 方面这一方案并不是最优的。然而，卡车通常会运输不止一种库存单位。

在进行订单和运输相关决策时，需要权衡库存持有成本和运输成本。

让

$$I=\frac{Q}{2}+\left(\mathrm{ROP}-\mathrm{EDDLT}\right)+\frac{LD}{365}$$

且

$$B=S+mU\left(\mathrm{ROP}\right)$$

$$C\left(Q\right)=Dc+\frac{D}{Q}\times B+Ihc$$

所以 B 是固定订购成本，I 是库存量。

图 3–13 展示了在连续审查、使用（Q, ROP）补货流程的系统中，和 Q 的不同取值相关的成本权衡。

成本曲线 C（Q）的底部通常较平。因此，偏离目标并不会对总成本产生太大影响。订货量大于最佳订货量所产生成本的增长率较低，而小于最佳订货量所产生的成本有时却能使总成本大幅上升。Q 增加，Ihc 中增加的只有周期库存，安全库存和在途库存不会增加，并且 Ihc 是呈线性

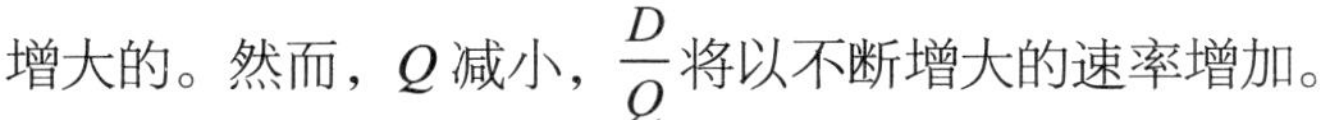
增大的。然而，Q 减小，$\frac{D}{Q}$ 将以不断增大的速率增加。

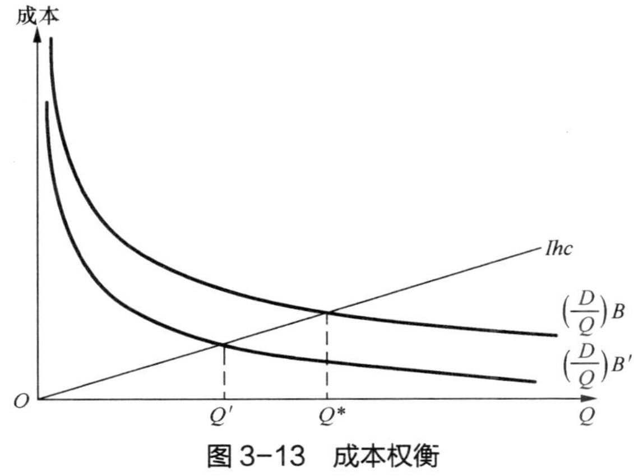

图 3-13　成本权衡

下面一个例子很重要，通过它我们可以回顾本章之前的大部分内容，同时它也展示了在使用 EOQ 或其他最优化模型时需要注意的点。在这个例子中，我们还会加入对运输成本的讨论。所以，它不只是一个所学内容的应用案例，实际上还包含了一些放到例子中更好理解的新材料。

Value Dime and Five 是一家美国的区域零售商，其配送中心供应 500 家店铺。它只卖一种厕纸——每卷 543 张的自有品牌“Hunter TP”的双层特粗白色厕纸，上有大胆的粗糙浮雕。配送中心供应给零售商的厕纸以装箱数计，每箱 80 卷。订货量以整车计，每车容量为 560 箱，每箱运输成本为 40 美元。DDLT 大致呈现为平均值为 80 箱、标准差为 30 箱的正态分布。由于提前期通常是 1 天，配送中心的平均日需求量为 80 箱，当库存水平为 100 箱时就下单补货。这看起来可能有点奇怪，但是该公司有自己的理由。零售商的库存通常是充足的，所以即使配送中心到货晚了也不会出现缺货。只要配送中心有可供调配的库存，所有延迟到货的订单就会在之后被完成。每车的运输费用为 400 美元。Value Dime and

Five 的老板意识到，运输费用太高了，从提高效率的角度出发，他想使运输工具利用率最大化，只进行 TL 操作。基于对平均资本和损坏成本的加权分析，他估算出了库存持有成本因子大概为每年库存价值的 0.25 倍。他估算了其他所有与采购、应付账款、收货相关的订购成本，总和大致为每单 50 美元。因为配送中心缺货而导致延迟到店的每箱货物所产生的成本为 5 美元，这个成本的直接来源是管理方面的变通解决方案。销售条款是“离岸价，运费预付”（FOB Origin, Freight Prepaid），Value Dime and Five 有大笔运输支出，因此易于获取优惠的运输费率。由于是以离岸价计，Value Dime and Five 拥有在途库存。该公司估算出的在途库存持有成本因子为每年库存价值的 0.23 倍。Value Dime and Five 新聘请的分析专家强烈建议公司把关注点从最大化运输工具利用率转移到最小化总成本上，并且建议公司使用经济订货量模型来确定订货量，而不是每次都以整车计订货量。这样，Value Dime and Five 一整年都能不中断营业。

配送中心的平均日需求量为每天 80 箱，所以年需求为 80×365=29,200 箱。由于 Q=560 箱，D=29,200 箱 / 年，预计年订单数约为 D/Q=52 单。我们先来看看订购相关成本。年预计订单数一定，年订购成本就为 52 单 ×50 美元 / 单 =2,600 美元，年运输成本等于 52 单（车）×400 美元 / 车 =20,800 美元 / 年。每次下单都会产生的另一项需要考虑的成本是延迟到货成本。为了计算每个补货间隔的预计延迟到货箱数，我们首先需要确保正态分布是适用的。对此有许多可用的测试，但在此我们仅进行简单验证——确保小于 0 的概率密度不超过 1%。为此，我们可以在 Excel 中使用以下公式。

$$=\text{NORMDIST}（0,\text{EDDLT}, \sigma_{\text{DDLT}},1）$$
$$=\text{NORMDIST}（0,80,30,1）$$
$$=0.004$$

小于 0 的概率密度没有超过 1%；实际上本例中，小于 0 的概率密度小于 0.5%。现在，我们就可以计算每个补货间隔的预计延迟到货箱数了。首先必须计算的是 PPIS，可使用如下公式。

$$=\text{NORMDIST}（\text{ROP},\text{EDDLT}, \sigma_{\text{DDLT}},1）$$

“=NORMDIST（100,80,30,1）”的结果为 0.75。这意味着，提前期内 25% 的时间是处于缺货状态的。当然，提前期只有一天，本例中的零售店可能有大量库存。然后使用 PPIS 计算 Z 的值，在计算损失积分的时候需要用到 Z。“=NORMSINV（PPIS）=NORMSINV（0.75）”的结果为 2/3（约为 0.66），也就是 Z 的值。

现在，为了获取补货间隔的预计缺货数量，使用如下公式。

$$U\left(\text{ROP}\right)=\int_{x=\text{ROP}}^{\infty}\left(x-ROP\right)f\left(x\right)\mathrm{d}x$$
$$=\sigma_{\text{DDLT}}\,\text{NORMDIST}（Z,0,1\ ,0）-(\text{ROP}-\text{EDDLT})$$
$$\times[1-\text{NORMDIST}(Z,0,1\ ,0)]$$
$$=30\times\text{NORMDIST}（0.66,0,1\ ,0）-(100-80)\times[1-\text{NORMDIST}(0.66,0,1\ ,0)]$$

结果就是，每个补货间隔的预计延迟到货箱数为 4.5，延迟到货的每箱货物都会产生 5 美元的成本，所以每个补货间隔预计延迟到货的总成本为 4.5 箱 ×5 美元 / 箱 =22.5 美元；由于年订单数为 52，则年总成本为 52 单 ×22.5 美元 / 单 =1,170 美元。

所以订购相关的总成本等于订购成本加上运输成本后再加上延迟

到货成本，也就是 2,600 美元 / 年 +20,800 美元 / 年 +1,170 美元 / 年 =24,570 美元 / 年。显然，本例中订购相关成本绝大部分来源于运输成本，但是在很多情况下，尤其是在失销量大于延迟到货量时，失销成本在订购相关成本中所占比例是最大的。这一点与产品特性、补货流程和参数有关。但是至少在本例中，运输成本在订购相关成本中所占比例最大。

现在，让我们看看库存相关成本，从周期库存成本开始。由于整车容量为 560 箱，即 Q=560 箱，预计周期库存为 Q/2=280 箱；每箱成本为 40 美元，预计周期库存投资总额等于 280 箱 ×40 美元 / 箱 =11,200 美元，预计周期库存持有年度总成本为 11,200 美元 ×0.25=2,800 美元。

安全库存等于 ROP−EDDLT=100 箱 −80 箱 =20 箱。所以，安全库存的投资总额为 20 箱 ×40 美元 / 箱 =800 美元，预计安全库存持有成本为 0.25×800 美元 =200 美元。

在途库存等于 1 天 /365 天 ×29,200 箱 / 年 =80 箱 / 年。所以，在途库存投资总额为 80 箱 / 年 ×40 美元 / 箱 =3,200 美元 / 年，预计在途库存成本为 3,200 美元 / 年 ×0.23=736 美元 / 年。所以每年的总持有成本为 2,800 美元 +200 美元 +736 美元 =3,736 美元。

总库存相关成本 = 订购相关成本 + 库存持有成本

=24,570 美元 / 年 +3,736 美元 / 年

=28,306 美元 / 年。

可以看到，周期库存成本为 2,800 美元，订购相关成本为 24,570 美元，但显然一次的订货量是不够的。正如你所看到的，当订购成本大于周期库存持有成本时，订货量小于 EOQ。但必须要注意，如果每次的订货量为两个 TL，订购成本会增加一个 TL 的成本。图 3−14 显示，这样做

产生的影响很小。事实上，100% 利用率的 TL 对于本例是最优选择。但如果运输成本并不是所有订购相关成本中最大的部分，情况就不是这样。若在使用 EOQ 模型的时候不细心，所得结果就不会是投入资金所能购入的订货量。现在我们来计算 EOQ。

$$EOQ=\sqrt{\frac{2DB}{hc}}$$

$$EOQ=\sqrt{2\times 29,200\times\frac{400+23+50}{0.25\times 40}}$$

$$EOQ=1,661$$

所以 EOQ 为每单 1,661 箱，1,661 箱 / 每车 560 箱 ≈ 3 车。然而，3 车运输的总成本高于 1 车运输。由图 3–14 可知，由于运输成本所占比例太大，1TL 是最好的解决办法。还可知，如预计的那样，直到订货量等于 1TL 之前，年订购成本曲线都是下降的，然后会突增 400 美元，即 1TL 的成本。EOQ 为 3TL，400 美元是不够的，需要投入 1,200 美元。

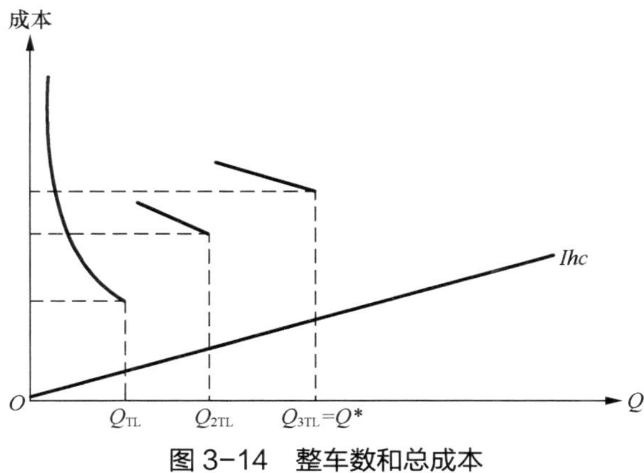

图 3–14　整车数和总成本

继续讨论这个例子，之前说过，TL 是最优解决方案。然而，在其他运输方式不可用的情况下这个结论才是成立的。如果可以使用铁路运输，几个整车量的货物就能装在一节车厢里。如果使用这种方式，出发地和目的地都需要位于铁路附近；而且使用铁路运输，提前期一定会增长，但是对于本例来说问题并不大。现在配送中心没有那么多的安全库存，所以就算安全库存增加 2 倍或 3 倍，总成本也不会增加太多。实际上他们可以，也应该考虑使用混合运输方式，虽然提前期会延长，但即使不增加运输单位的容量，运输成本也会下降。显然，本例的目标是降低运输成本。

现在将单位成本提高为 1,000 美元，而保持其他条件不变。当然我们讨论的就不再是厕纸了，现在的 EOQ 为 322 箱，少于 1TL 的容量（利用率 60% ≈每单 332 箱 / 每车 560 箱）。本例的最优方案是不让运输工具的利用率达到 100%。

供应比率

我们来回顾一下图 3–13。现在，如果减小 Q，补货频率就会增加，提前期发生缺货问题的可能性也会增加，所以预计缺货库存单位也会增加，失销量会增加。结果就是，公司可能会选择通过提高安全库存水平来保持供应比率不变。记住，如果该公司减小 Q，周期库存就会减小。所以当 Value Dime and Five 不得不增加安全库存时，一个问题就是：安全库存的增量需要大于周期库存的减少量吗？与此同时，安全库存增加以后，ROP 增加，U（ROP）减小。让我们捋清现在是什么情况。Q 减小了，供应比率降低（失销量增加），周期库存减少。为了解决供应比率降低的问题，需要通过提高 ROP 来增加安全库存，U（ROP）因此减小。重点在于，由于安全库存增加，U（ROP）减小，用来补偿增加的失销成本的安全库存的增量相对也会更少。

由图 3–15 可知，Q^* 减小为 Q'（在横轴上标注了“1”的地方），订货量低于最佳水平。竖轴标注为“1”的成本因此增加。现在，由于供应比率降低，安全库存增加了（标注了“2”的地方）。

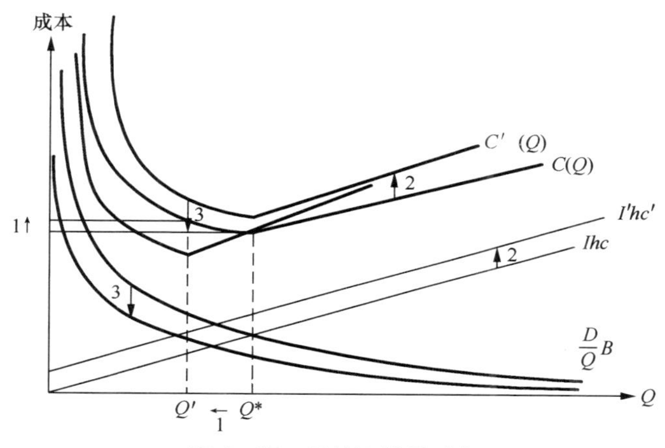

图 3–15 最佳订货量减少

可以看到，库存成本曲线向上平移了。这是因为本例中无论何时安全库存都大于周期库存。但是由于 B 减小，D/Q 向下平移了，因此我们得到了一个新的最佳订货量。如图 3–15 所示，相较于使用之前的 EOQ 时，总成本曲线看起来更低了。然而实际上可能更低也可能更高，这取决于安全库存和供应比率的关系。重点在于，EOQ 是把其他所有成本都考虑在内然后进行最优化的。这会带来两个问题：其他成本可能并不会处于最优水平；这忽略了一个事实，那就是公司的竞争对手可能会提高自己的服务水平，因此公司的最优服务水平也随之提高。

权衡分析

如果将新古典经济理论（Neoclassical Economic Theory）应用于库存

问题，那么在各种成本之间是存在一个平衡状态的。即某一个成本增加，公司就增加与之相互制衡的另一个成本。比如，如果库存成本增加，他们就增加运输成本来最小化持有库存；如果运输成本增加，他们就购入更多库存来最小化运输成本。然而，有充分的证据证明，竞争实际上会导致出现不平衡状态。也就是说，竞争的过程本身就是破坏平衡的，因为公司会追求库存管理优势以在市场上获取强有力的优势地位。通过竞争，他们知道哪些库存管理方法更有效，因为绩效更好的对手公司使用的就是有效或高效的库存管理办法。

当公司的经济效益处于劣势时，他们就会意识到自己的效率低、价值低、资源不够丰富。如果发现了劣势源于库存管理，公司就可能：建立或购买和竞争对手一样的库存管理交易系统；建立或购买和竞争对手一样的库存管理决策支持系统；建立或购买新型库存管理交易系统或决策支持系统；模仿或独立建立新型商业流程；模仿、学习或摸索，以培养卓越的管理能力；挖走对手公司优秀的经理人；建立和对手公司类似的组织文化；使用和对手一样的方法或使用创新方法，确立库存水平。在这个工作过程中，公司始终都面临着竞争对手的绩效威胁，所以他们都会为不掉队或赢得竞争而努力。这个竞争局面产生的结果就是，不断有新型的库存管理系统产生，不断有顶尖公司的物流主管被挖走，不断有新型库存管理方案出现在贸易和学术刊物上，许多公司也会和主攻库存管理的咨询公司建立长期合作关系。

另外，可能存在短期的最佳库存水平，但是公司必须从市场竞争和消费者的角度出发，对库存政策不断进行审查。图 3-16 展示了使用 LTL 时库存持有成本和订购成本间的权衡问题。

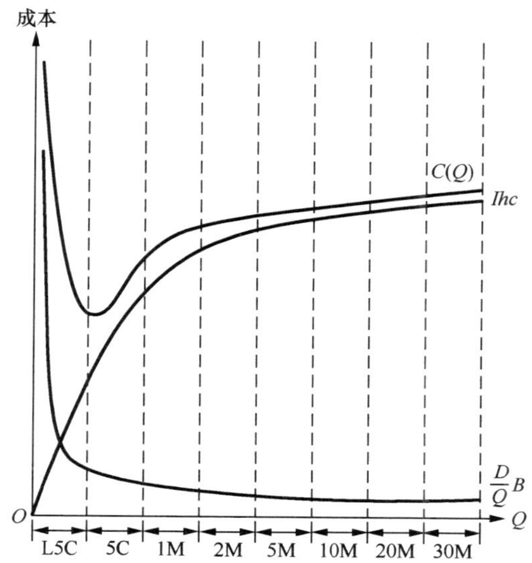

图 3-16 使用 LTL 时库存持有成本和订购成本间的权衡问题

可以看到横轴上基于 LTL 重量分界点的间隔。从出发地到目的地，运输费率的增长速率逐渐减小，单位成本和单位持有成本也类似。L5C 代表“小于 500 磅（1 磅约为 0.454 千克）”，5C 代表“大于 500 磅”，1M 代表“大于 1,000 磅”，依此类推。这些都是 LTL 中一些典型的重量分界点。库存持有成本也因此呈现为一条凹向原点的曲线。图 3-15 和图 3-16 中库存成本与 Q 基本呈线性关系，不涉及 LTL。LTL 产生的这个影响导致最佳订货量的位置高于库存持有成本等于订购成本的那个点，如图 3-15 和图 3-16 所示。

图 3-17 中，竖直的虚线处表示从 LTL 转换为 TL。这时的运输成本应该被算入单位成本 c 中，因为不管货物有多少，运输费用都是按整车计的。所以在这种情况下，TL 成本成了订购成本的一部分，因为每次下单都要按整车支付费用。所以，Ihc 就下降为粗体的 Ihc，（D/Q）B 则上

升为粗体的（*D/Q*）*B*。如果这是转为 TL 的最优点，在这个点以后的总成本的增长速率就应该降低。

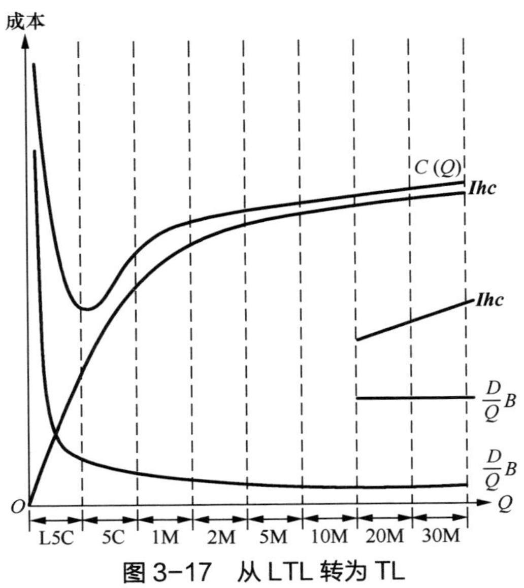

图 3–17　从 LTL 转为 TL

从图 3–18 中，我们可以看到，每单的订购成本从 *B* 减小到了 *B′*；也就是说，最佳订货量减少了。

同时可以看到，整条订购成本曲线都向下移动了。如果公司想要降低准备成本、提高采购效率、减少发票匹配错误[1]、提高收货效率、降低应付账款、优化其他相关流程，就把 *B* 降低。优化运输流程以降低 TL 成本，比如使用混合运输模式；优化决策过程，降低给定 ROP 所对应的补货间隔预计缺货库存单位数；降低单位缺货成本，都能降低 *B* 的值。当

1　当发票、收货凭证、采购订单这 3 项中的某 2 项不匹配时，就会发生发票匹配错误。错误必须纠正，纠正过程是劳动密集的。一定比率的订单会发生订单匹配错误。如果能够优化商业流程从而降低错误发生比率，每单应付账款成本就会降低。

过去不可用的同类产品现在变为可用状态、产品利润减少、公司间的产品销售竞争变小、发生了其他降低预计缺货单位失销成本的事件时，单位缺货成本就可能降低。

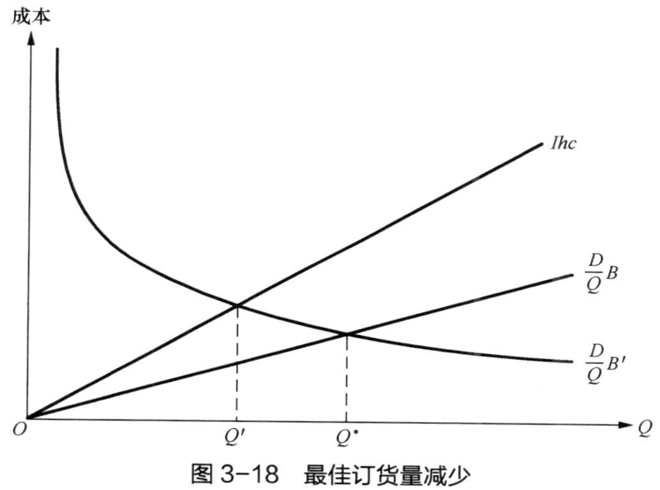

图 3-18　最佳订货量减少

图 3-19 展示的是一家降低了库存持有成本的公司的情况，也就是说该公司的单位成本或库存持有成本降低了。单位成本可以通过提高收购效率、优化谈判和生产流程、更多地参与该产品的市场竞争等手段降低。库存持有成本可以通过增加资金、降低资金成本、提升存储空间利用率、减少产品在存储过程的损坏、变质、失窃等手段来降低。由于流程改进，最佳订货量发生了改变，如图 3-18 和图 3-19 所示。可以看到图 3-18 的最佳订货量减少了，而图 3-19 中的最佳订货量是增加的。因此，我们不能斩钉截铁地下结论，认为改进了流程的公司其库存也应该减少。基于前面的讨论，很显然这个结论是不正确的。如果流程改进对于订购成本的影响足够大，其对于库存持有成本的影响及最佳订货量随之减少的影

响就可能被抵消，但通常并非如此。

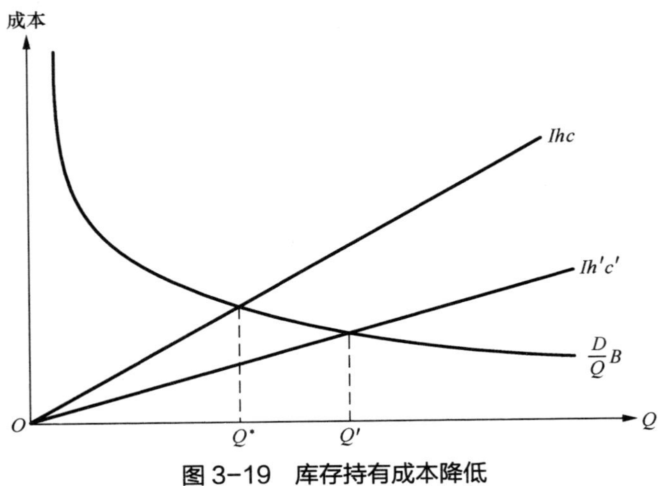

图 3-19　库存持有成本降低

数量折扣

在之前利用总成本函数获取最佳订货量的时候，通过对订货量取一次导数，我们没有得到EOQ和年采购成本Dc（即年需求乘以单位成本c），因为c不是关于Q的函数。然而如果有数量折扣，c就是关于Q的函数，相较于固定订购成本S，单位成本经常被认为是一种不定订购成本。数量折扣有多种实现方式，但我们在这里只讨论两种：一是对所有单位实行数量折扣，二是对增量部分实行数量折扣。第1种方式中，如果订货量大于某个指定值，这批货物的整体单价会下降，总成本函数因此变成非连续函数。第2种方式中，只有超出指定数量的那部分货物的单价才会降低，所以成本函数会发生扭曲，但它仍是连续的。简单起见，我们对于数量折扣的分析只考虑不定订购成本、固定订购成本和周期库存持有成本。此外，对于数量折扣，我们也只考虑单价格段，但实际上多价格段的分析也就是对本分析的直接扩展。因此，我们的总成本函数如下所示。

$$C\left(Q\right)=Dc+\frac{D}{Q}\times S+\frac{Q}{2}\times hc$$

我们将会分析 3 个关键例子，分别如图 3-20、图 3-21 和图 3-22 所示。

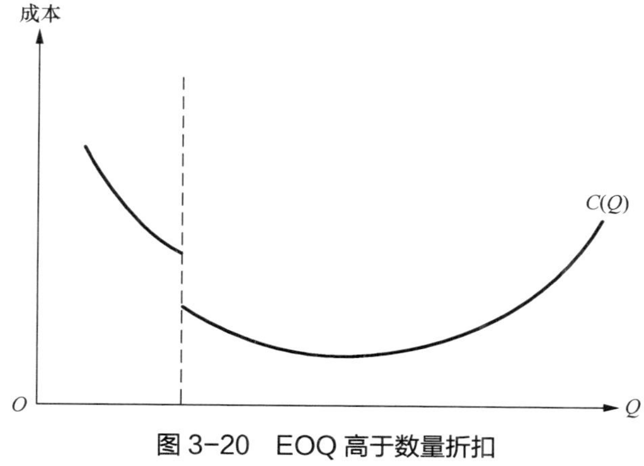

图 3-20　EOQ 高于数量折扣

图 3-20 中的竖线代表总成本函数的不连续点，也就是价格分段点。显然，采取数量折扣是有意义的。可以看到，即使没有数量折扣，订货量大于价格分段点对应的订货量也是最优选择。公司仅能以一个更低价买入产品，所以这个价格分段不具有很好的激励效果。图 3-21 中的价格分段能够激励公司增加订货量。可以看到，价格分段处的总成本比起没有价格分段时使用 EOQ 的总成本更低。图 3-22 中的价格分段效果也不好，也不能激励公司增加订货量。因为公司在没有价格分段的情况下使用 EOQ 的成本比增加订货量获取折扣的成本低。

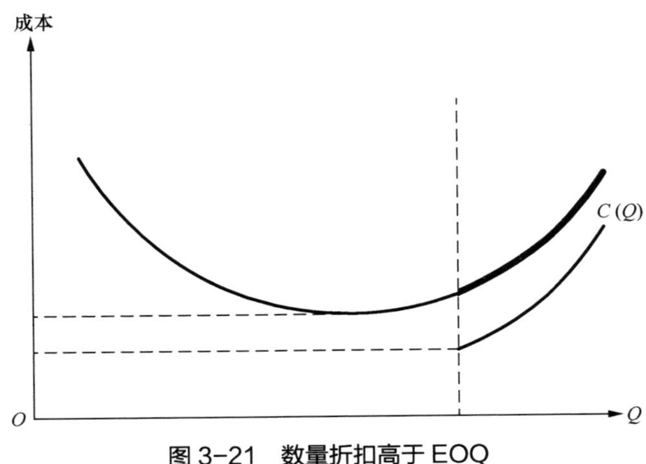

图 3-21　数量折扣高于 EOQ

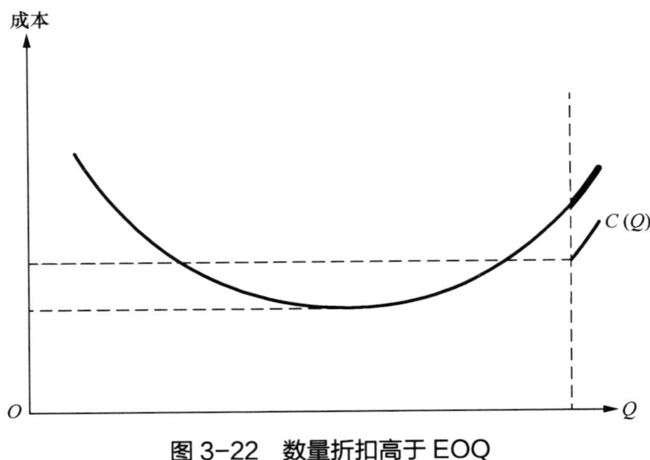

图 3-22　数量折扣高于 EOQ

参考文献

[1] Hadley, George, and Thomson M. Whitin.Analysis of Inventory Systems.New York: Prentice Hall, 1963.

[2] Defee, C. Clifford, Joe B. Hanna, and Robert Overstreet. "LTL

Pricing: Looking Back to the Future." *Journal of Transportation Management* 22.2 (2011): 45–58.

[3] Wilson, R. H. "A Scientific Routine for Stock Control." *Harvard Business Review* 13.1 (1934): 116–129.

04

库存管理和需求预测之间的联系

正如我们在第3章中讨论的那样，预测保护期的需求是有必要的。为了进行库存管理，需求经常是按天或周来预测的，并结合提前期和审查间隔计算得出保护期的预计需求。库存流程绩效会受到预测绩效的部分影响，因为最佳订货时间点及最佳订货量取决于需求的多少及其不确定性，而这两者又取决于预测方法及精度。

预测是一个很大的话题[1]，有对GDP、利率、通货膨胀等宏观经济因素的预测，也有对长期人口趋势、天气、政治选举影响的预测。本章我们主要关注短期预测，因为这是大多数库存，尤其是补货类库存要提升管理绩效时所面临的挑战。对于时尚配饰一类的非补货类库存，必须在离持续几周的销售季还有数月的时候预测需求。这种情况下的库存管理的难点就是长期预测。本书不讨论长期预测的问题。

在本章的开头我们会讨论库存管理中使用的多种预测方法，同样也会帮助读者了解预测到底是怎么一回事，揭开其神秘面纱。预测是一个科学名词，因为它涉及数学、概率论、统计学等学科。然而，成功的预测还要求使用者对预测方法有充分的理解和认识，知道在各种特定条件下哪些方法是适用的，哪些是不适用的以及为何不适用。技术、数据库、数据和软件是必要的工具，它们可以优化预测过程，但是并不能完全保证预测的准确性。当技术的使用者是精通预测、对特定领域有着丰富预测经验的专业分析人士时，预测的准确度就能提高。要熟悉特定领域，需

1　关于预测，可以参考Forprin的官网，这个网站的预测信息库是最好的之一。

要积累商业和行业经验，还需要了解公司及其竞争对手销量的变化。预测的难点之一在于，找到了解预测技术、方法、数据库和数据本身并拥有大量商业领域知识的人才。实际上，公司需要的是一个团队，每位团队成员至少拥有其中一项技能，通过团队协作改进预测方法，解决预测难题。

需求和预测的不确定性

为了认识需求预测的一个关键点，让我们以一个高度定制化的例子开始。假设朱莉在一家零售店买一种叫作 Pepfiz 的薄荷蓝莓汽水硬糖。每天在去这家店之前，朱莉都会掷一次骰子，根据掷出的数字来决定买多少包糖果。补货经理当然不知道这件事。如果零售店的补货经理知道需求是以这种方式产生的，他就会知道，最佳预测量是 3.5，也就是掷骰子结果的预测值。假设 X 为代表需求[1]的随机变量，那么预测值就为 $E(X)=\sum_{i=1}^{6} x_i p_i$，其中 x_i 代表随机变量的第 i 个取值，p_i 是该取值的概率。

$$E(X)=\sum_{i=1}^{6} x_i p_i = 1\times(1/6)+2\times(1/6)+3\times(1/6)+$$
$$4\times(1/6)+5\times(1/6)+6\times(1/6)=3.5$$

最佳预测值是 3.5。长期来看，没有其他更好的预测值了。不幸的是，补货经理并不知道需求是以这种方式产生的。图 4-1 展示了上个月的购买情况[2]。其中的实线代表实际销售数据，虚线代表平均值。本例中，简

1　掷骰子事件满足离散均匀分布，即每一面朝上的概率相同。

2　可以在 Excel 中使用以下函数来模拟掷骰子事件：“=RANDBETWEEN（1,6）”。这个函数会产生 a 到 b 之间的随机数且满足离散均匀分布，即每个数字出现的概率相同。

单平均就是最佳预测值。简单平均就是从最初的一次到最近一次观测值之间所有数据的平均值。假设 x_i 是 n 个观测值中的第 i 个观测值，那么简单平均值就等于 $\frac{\sum_{i=1}^{n} x_i}{n}$。

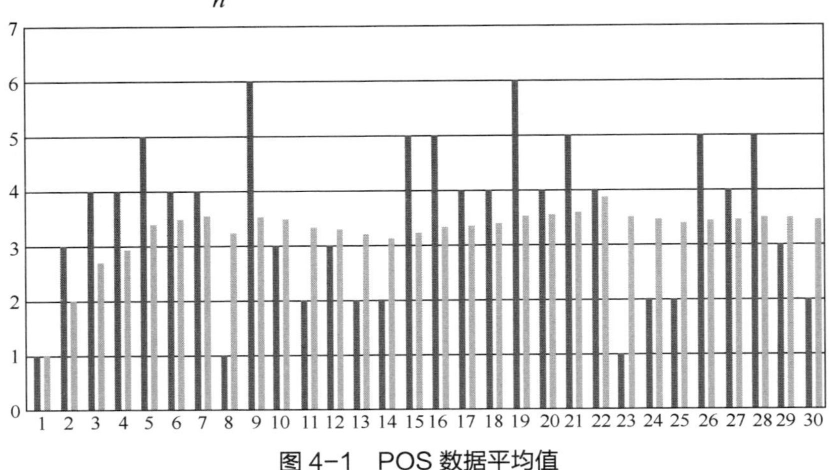

图 4-1　POS 数据平均值

本例中，10 天以后简单平均值接近于概率分布的平均值。你可能会觉得前 9 天时间的趋势是正向的，但事实并非如此。实际上，使用相同数据的许多其他预测方法在前 9 天都会显示出同一种趋势。

图 4-2 使用的是同一种分布方法，但是前几天的趋势看起来似乎是负向的，而简单平均值没过几天就变成接近概率分布的平均值了。

现在，假设补货经理并不知道需求的产生方式。为了简化问题，假设提前期为 1 天。也就是说，当日售出的糖果都会在第 2 天早上被及时补充[1]。图 4-1 展示的是需求的累积概率分布。DDLT 小于等于 3 的累积概率为 1/6 + 1/6 + 1/6 = 0.5。所以，如果经理每天都储备 3 包糖果，半数时间都不会缺货，也就是说 PPIS = 0.5。

1　如果在早上把后仓库存补充到货架上，这就有可能发生。

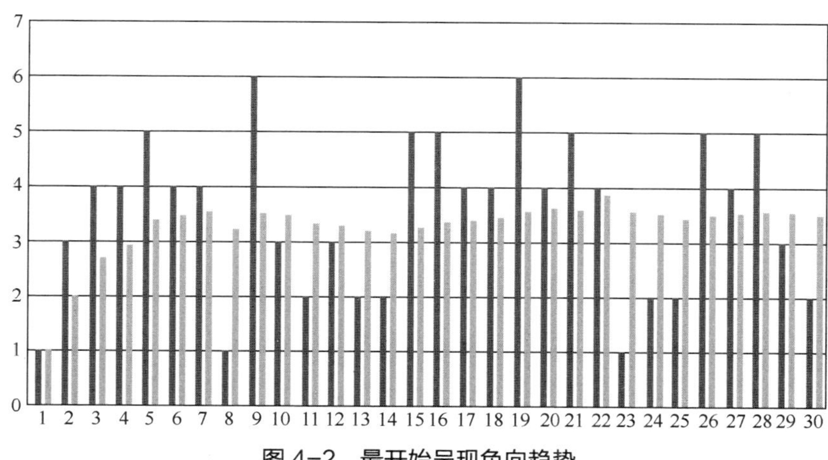

图 4-2 最开始呈现负向趋势

借助表 4-1，补货经理可以通过选择 OUL 来确定 PPIS。这其实是一个（T, OUL）补货流程，其中 T = 1 天，L = 0。也就是说，开店之前，经理会对库存进行审查，并将后仓[1]的存货补充到货架上。假设他选择的 PPIS 值为 0.83，并将 OUL 设为 5。安全库存呢？回顾一下，安全库存是补货到货且可用之前的预计现有库存。预计需求为 3.5 个库存单位，所以如果补货间隔开始时有 5 个库存单位，补货到货且可用前的预计现有库存就等于 5−3.5 = 1.5 个库存单位。

表 4-1 DDLT 的累积概率分布

DDLT	累积概率
1	0.17
2	0.33
3	0.50
4	0.67
5	0.83
6	1.00

1 在我们的例子中，有大量充足的糖果。

对于预测和库存管理之间的联系这个话题，还有很多可说的，但关键是，我们需要努力弄明白需求分布，从而选取补货流程参数来让多种指标（如 PPIS 和 ILFR[1]）达标。

时序法

在前述例子中，简单平均值就是最佳预测值。问题在于，在开始预测的时候，我们并不知道哪种方法是最佳的。

现在，假设 30 天以后，朱莉开始每天掷两个骰子，掷出的两个点数之和就是她买糖果的数量。图 4-3 是这个需求产生过程对应的离散事件仿真结果。其中，从第 1 天至第 30 天，朱莉每天只掷一个骰子，第 31 天至第 60 天变成掷两个骰子。如之前所说，前 30 天的预计需求等于 3.5，30 天以后的预计需求为 7。

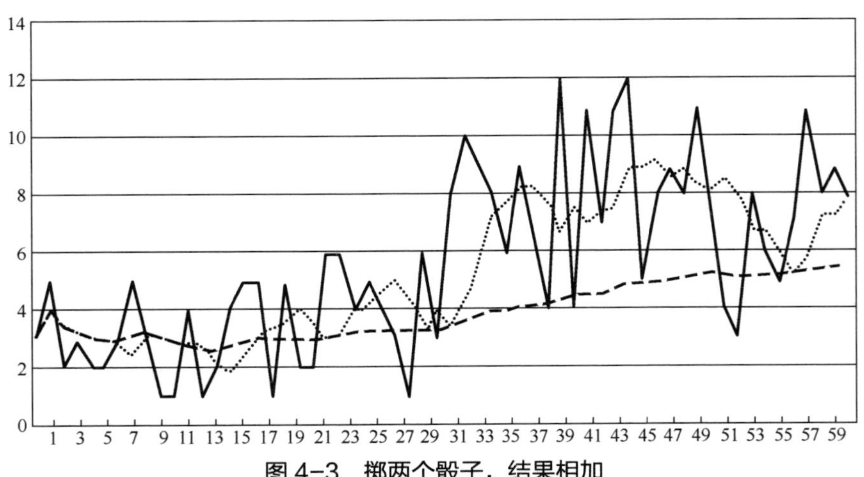

图 4-3　掷两个骰子，结果相加

1　ILFR 代表物件级供应比率（Item-level Fill Rate）。

移动平均法

如图 4–3 所示，实线是 POS 数据，点划线是简单平均值。注意到在第 60 天的时候，简单平均值大约为 5 个库存单位，小于预计的 7 个库存单位。虚线代表 10 天的移动平均值[1]。10 周的移动平均值的计算如下所示。

$$10\text{ 天的移动平均值} = \frac{\sum_{i=n-9}^{n} x_i}{10}$$

由图 4–4 可见，10 天的移动平均值的追踪速度快于简单平均值。现在我们只观察前 30 天的情况。

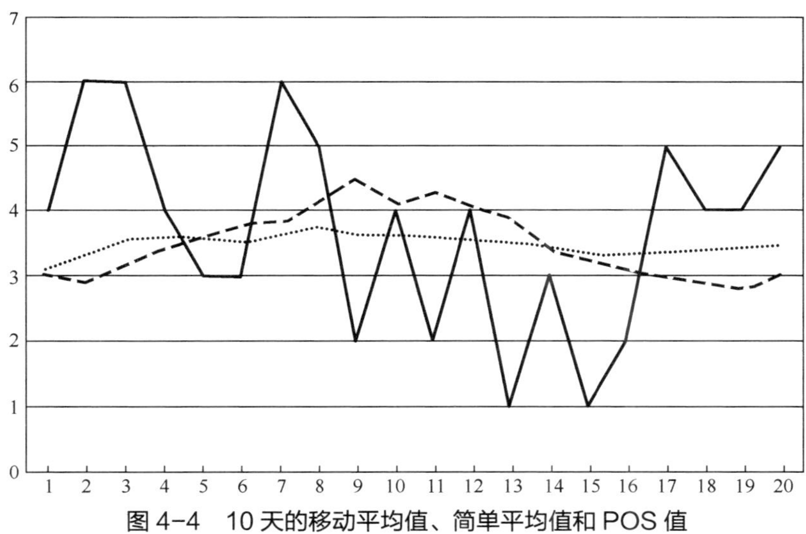

图 4–4　10 天的移动平均值、简单平均值和 POS 值

图 4–4 是第 11 天至第 30 天的数据。实线代表 POS 值，点划线代表简单平均值，虚线代表 10 天的移动平均值。比较图 4–2 和图 4–3，可以看到两种预测方法各有优劣势——虽然 10 天移动平均值能够更快地追踪需求变化，但是随机变化会让预测值产生超调，简单平均值就不会这样。

1　10 周移动平均值只有到第 11 周的时候才能计算，因为需要用到前 10 周的需求数据。

通过图 4–4，我们可以看到 10 天的移动平均值比简单平均值更不稳定。如果需求产生过程不发生变化，简单平均值的预测效果就很好；但是如果发生了变化，简单平均值的追踪速度就慢于移动平均值。

图 4–5 中两者的差异更为明显。注意，这仍然是第 11 天至第 30 天的离散事件仿真。实线代表 POS 值，点划线代表简单平均值，点划虚线代表 5 周的移动平均值，虚线代表 10 天的移动平均值。在图 4–4 中，用 10 天的移动平均值来预测比用简单平均值预测更不稳定；在图 4–5 中，可以看到用 5 周的移动平均值来预测比用 10 天的移动平均值来预测更不稳定。

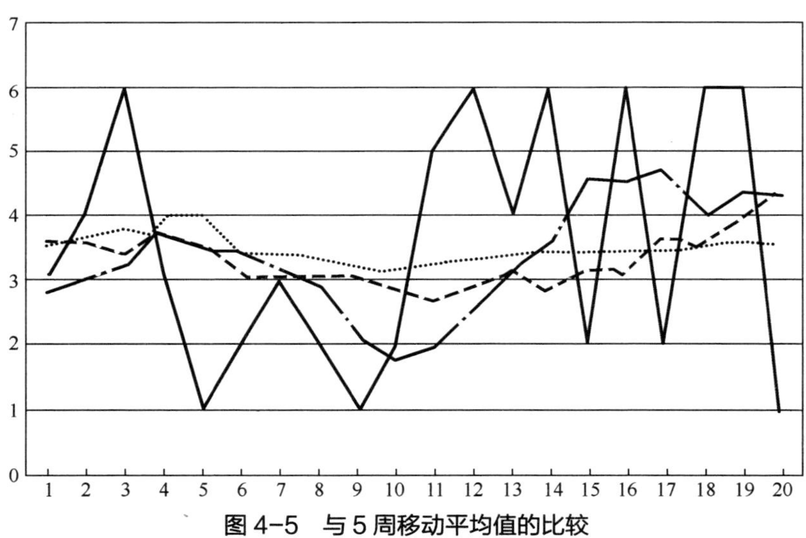

图 4–5　与 5 周移动平均值的比较

朴素预测法

1 天的移动平均值实际上并不是移动平均值，它只是把前 1 天的实际值作为第 2 天的预测值。这种方法被称作朴素预测，如图 4–6 所示。

在图 4–6 中，实线代表 POS 数据，点划线为朴素预测结果。正如图 4–6

所示，朴素预测的结果就只是将 POS 数据向后平移 1 天。朴素预测的结果可以作为评判其他预测效果的标准，因为如果某个预测方法的效果没有优于朴素预测，那么这个方法肯定不好。

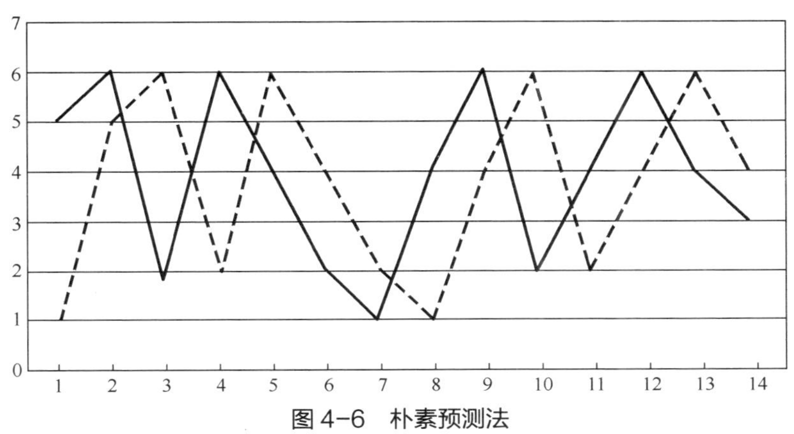

图 4-6　朴素预测法

简单平均法

简单平均法的一个问题是，严重异常值会在很长一段时间里持续对预测结果产生影响。图 4-6 中没有出现严重异常值。

图 4-7 中，第 1 天的需求出现了一个峰值，这可能仅仅是个数据错误。5 天移动平均法会受到这个异常值的影响，但是其影响到第 7 天就消失了，然而这个数据会始终影响简单平均法的预测结果。最终其影响会变得很小，小到可以忽略，但是在图 4-7 显示的范围内其影响始终存在。可以看到，第 7 天至第 16 天，简单平均值的预测结果大于实际销量和 5 天移动平均值的预测结果。这就暴露了简单平均法的一个问题——简单平均法的预测结果会由于异常值的存在而在未来很长一段时间发生偏移。

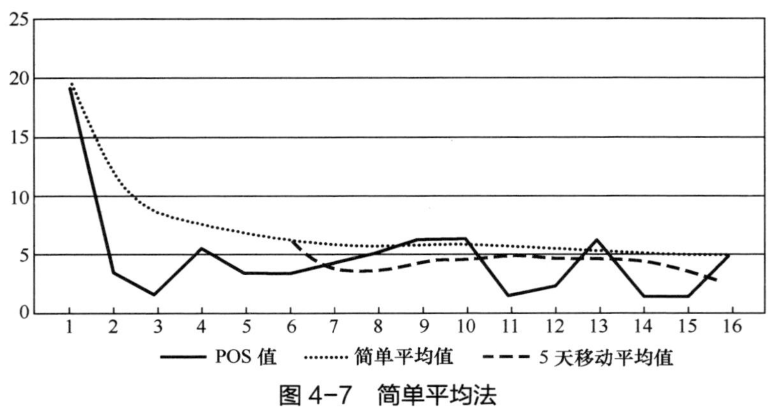

图 4-7 简单平均法

过拟合的观测值

到目前为止，我们已经讨论了这些预测方法：朴素预测法、*n* 天移动平均法、简单平均法。现在让我们看看其他的预测方法。有些预测方法包含复杂的数学运算。不知情的人会被这些方法吸引，认为其效果很好。然而研究表明，在很多情况下简单模型的效果其实更好[1]，部分原因在于过拟合。一段连续时间内的销售数据由两部分组成，一部分是可解释的，另一部分是随机的。问题在于，随机波动也可能被拟合，然后被用于预测未来值，这就会让预测模型的性能变差。

图 4-8 比较了掷骰子产生的销售数据、简单平均值和六次多项式的预测值，该多项式的表达式见图的顶部[1]。

1 关于等式下面的相关系数平方，我们会在之后讨论。

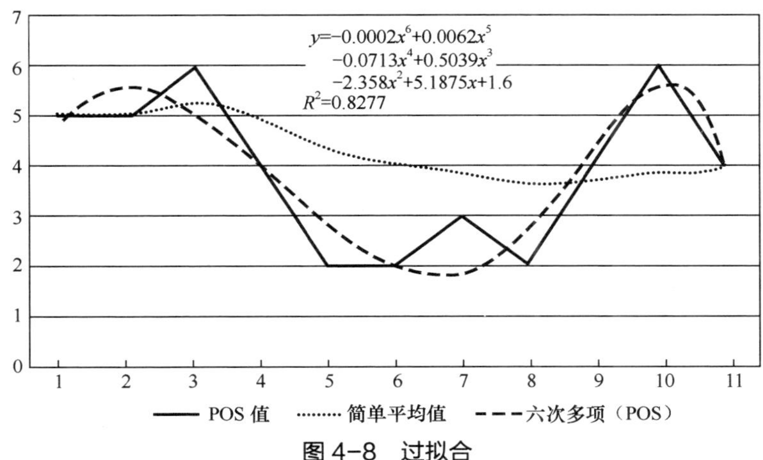

图 4-8 过拟合

六次多项式中的 x 是同一天的。所以，举个例子，把 1 代入等式中所有的 x，你就会得到结果为 4.8 包糖果的预测值。比起简单平均法，六次多项式更让人印象深刻，对销售数据的拟合效果也更好，但我们已经知道，最佳预测值为 3.5 包糖果。真正的问题是：对未来的预测效果如何？使用简单平均法，最近的预测结果等于对未来每个时期的预测结果。本例中，简单平均法最近的预测结果为 3.2 包糖果，所以，第 30 天的预测结果是 3.2 包，第 60 天也是 3.2 包[1]。

现在，如果我们希望用六次多项式来预测第 30 天的销量，将 60 代入变量 x，结果大概等于负 600 万。实际上，如果六次多项式的预测结果在拟合的实际数据之外，后面的预测值很快就会向负半轴方向延伸。所以，这似乎成了一个悖论：六次多项式比简单平均值的拟合效果更好，但当用于预测未来值时，六次多项式的效果很快就变得极差。变差的原因是，它把随机值也进行了拟合，而随机值是不能被拟合的。

1 我们还是假设，补货经理并不知道需求产生的方式。

留出数据

这揭示了很重要的一点：预测模型对于留出数据的预测效果才是评判模型好坏的基准，而非拟合效果。我们已经看到，六次多项式的拟合效果很好，但是不能因为拟合效果好就说这个模型的性能好，而应该基于对未来销售数据的拟合效果来评判，未来销售数据就是留出数据。这是一个需要记住的重要概念。还需要记住的很重要的一点是，我们应该对预测模型和朴素模型进行比较。

留出数据的选取存在一个权衡问题。比如，如果我有一年的数据，我可能会将其全部用于一个预测模型，这没什么问题；然而，如果要和其他模型比较，我们还需要留出数据。假设我用 364 天的数据进行了拟合，最后一天的数据作为留出数据，这好像是不够的。另一方面，假设我使用前半年的数据来拟合，留出后半年数据。如果不存在什么趋势或季节性特征，最后的预测效果可能还不错。如果存在某种趋势，预测效果也不会变差。而如果存在季节性特征，我们就需要将整一年的数据全部用于拟合，甚至还需要更多。所以，不幸的是，留出数据如何选取并没有一个确切答案。但其中一个解决方案是对多种留出数据选取方案的预测效果进行比较。如果不管使用哪种方案，某个模型的预测效果都很好，那么我们可以比较确定地认为，这个模型的实际预测效果也会更优。

从库存管理的角度出发，如果你可以准确预测，就不再需要安全库存了。所以，对于本例，六次多项式的过拟合可能会让我们以为不再需要安全库存了。结果就是，过拟合会让 PPIS 低于理想值。简单平均法对于需求水平及随机性水平的预测更为准确。实际上，本例的需求水平为每天 3.5 包糖果。不存在什么趋势或季节性特征，需求是平稳的。影响这个需求水平的变量只有随机性。这就是需要避免过拟合的又一个理由——过拟合不仅会产生错误的需求水平预测值，还会错误地对随机性进行预测。安全库存应该和随机量及理想供应比率存在一个函数关系。

估算不确定度

我们会在本章后面讨论其他预测方法及如何在库存管理中使用这些方法，但是首先我们需要讨论如何估算不确定度，它是关于用历史销售数据预测需求好坏程度的函数。我们之所以需要估算不确定度，是因为所需安全库存和不确定度之间存在某种关系。

在进行估算之前，首先需要区别可变度和不确定度。比如，假设一家杂货店有一种特定类型的肉桂卷，90% 都是在周六售出的。假设周日卖出了 0 个，周一到周五每天卖出了 2 个，周六卖出了 90 个肉桂卷，并且一整年都是如此。一周时间的可变度太高了，但是本例存在一个明显的需求模式，所以并不需要安全库存[1]。所以我们需要知道销售数据的不确定度有多高。换句话说，我们需要知道基于销售数据的预测结果有多可靠。为了达此目的，我们现在来讨论如何基于销量预测值来测量不确定度。

1　假设提前期是确定的。

估算预测误差的指标有很多，我们先讨论偏差（Bias）、平均绝对偏差（Mean Absolute Deviation，MAD）、平均绝对百分比误差（Mean Absolute Percent Error，MAPE）及预测误差的标准差（Standard Deviation of the Forecast Error，σ_{FE}）。在讨论预测误差（Forecast Error，FE）之前，我们需要先对预测误差下定义。i 时期预测误差的定义为 $\mathrm{FE}_i = a_i - f_i$，其中 a_i 是 i 时期的实际销量，f_i 则是 i 时期销量的预测值。

$$\text{偏差}=\frac{\sum_{i=1}^{n}\mathrm{FE}_i}{n}$$

如果平均偏差为正，意味着是欠预测，反之则是过预测。如果偏差为正，可能原因是预测模型中存在没有考虑到的正向趋势，如果为负则可能存在没有考虑到的负向趋势。如果出现了周期性震荡，则是存在没有考虑到的季节性特征。由于此时的正误差会被负误差所抵消，因此它并不能很好地衡量总体精度。MAD 可以解决这个问题，因为它取的是每个预测误差的绝对值，和误差的正负无关。

$$\mathrm{MAD}=\frac{\sum_{i=1}^{n}\left|\mathrm{FE}_i\right|}{n}$$

所以，假设偏差 =2，MAD=4。模型平均发生了 2 个单位的欠预测，而总体误差则达到了 4 个单位。

问题在于我们无法对不同库存单位进行比较。比如，假设一种库存单位的 MAD 为 10，但是平均日销量为 100 个单位，另一种库存单位的 MAD 也为 10，但是平均日销量为 1,000,000 个单位。显然，后者的预测精度大于前者。所以，如果仅使用 MAD 就不能对不同库存单位的预测精度加以比较。使用 MAPE 可以解决这个问题。

$$\text{MAPE}=\frac{\sum_{i=1}^{n}\left|\frac{\text{FE}_i}{(a_i+f_i)/2}\right|}{n}$$

很多教科书会使用 a_i 而不是 $\frac{a_i+f_i}{2}$，但是如果存在需求为 0 的日期，其 MAPE 就无法定义。MAPE 的优势在于，你可以比较不同的库存单位，此外它还非常直观。

最后是预测误差的标准差（σ_{FE}），在设置安全库存时它会很有用。虽然预测误差的标准差是所有预测误差中最不直观的一个，但它估算预测不确定度的效果很好，能够用来设置安全库存并预测每个补货间隔的缺货库存。

图 4–9 展示了掷骰子产生需求事件的 60 天离散事件仿真，使用的预测模型是简单平均模型，使用 MAPE 和偏差值来衡量预测误差。应注意到，每个离散事件仿真中有大概 10% 的时间 MAPE 的移动速度都很快，而偏差很不稳定。整个 60 天的仿真周期内，左上角仿真结果的偏差都是负值，左下角的都为正值。

图 4–10 展示了掷骰子产生需求事件的 60 天离散事件仿真，使用的预测模型是移动平均模型，使用 MAPE 和偏差值来衡量预测误差。除了预测模型不同以外，其他和图 4–9 类似。5 天移动平均值的 MAPE 稍微大一点，但是偏差值更小，并且很快就收敛到稳定值。

以上例子说明，在选取预测误差的衡量指标时需要进行一定权衡。由于这些指标各自包含独特的信息或信息描述方法，因此必须对这些指标有充分的理解，以避免在特定情况使用了不合适的指标。比如，错误地使用 MAD 指标来比较需求水平不同的库存单位。

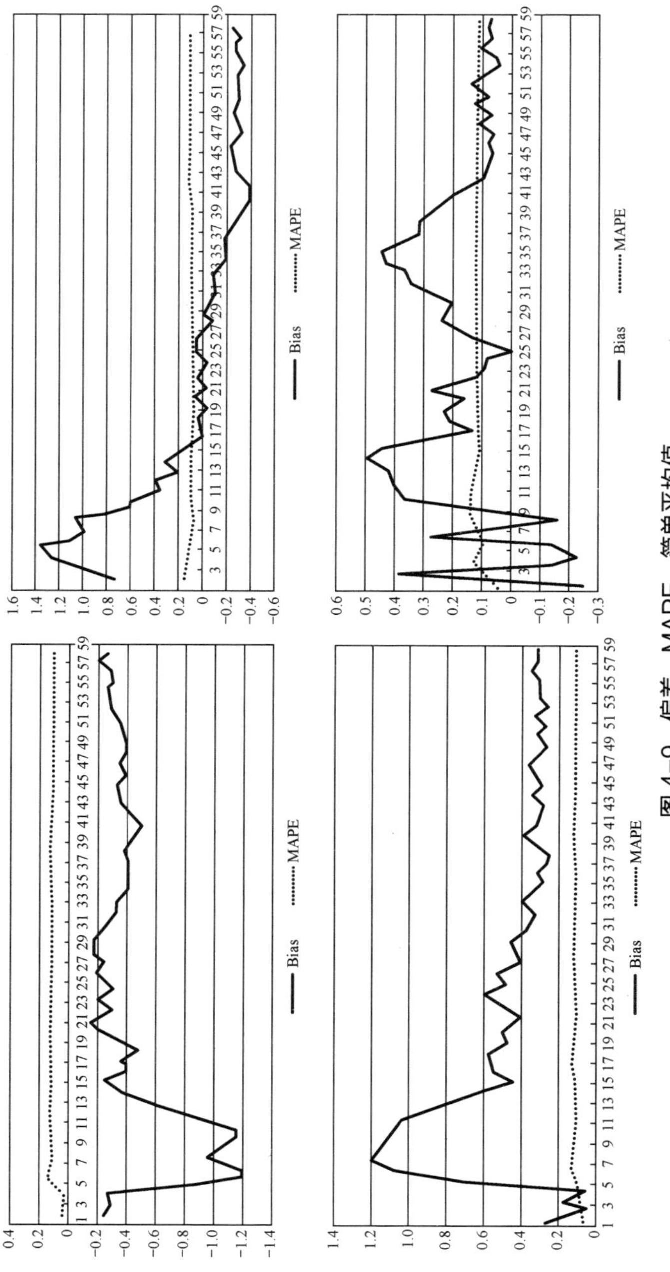

图 4-9 偏差、MAPE、简单平均值

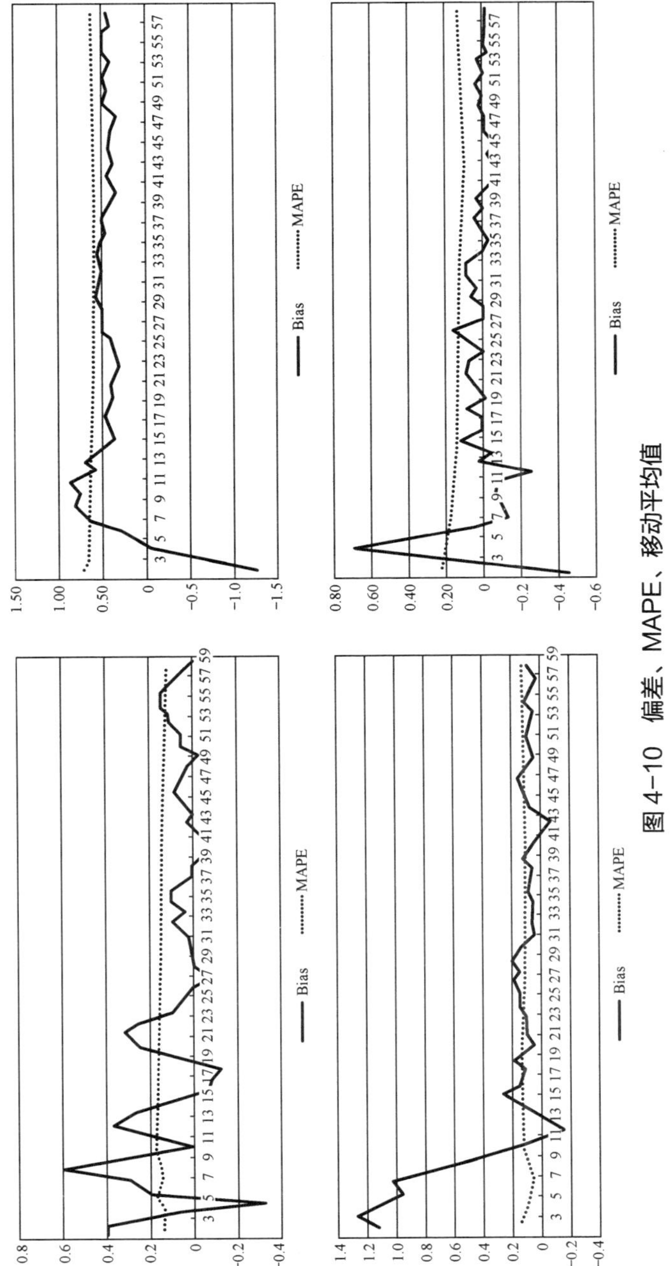

图 4-10 偏差、MAPE、移动平均值

指数平滑法

现在，我们来讨论另一种进行库存管理不可或缺的预测模型——指数平滑[2]模型。我们先讨论其最简单的形式：一阶指数平滑（First Order Exponential Smoothing）。

一阶指数平滑由最后一次预测值与上一时期的预测误差加权后相加得到。所以，如果最后一次预测的结果为15，误差为5，这个模型就是用15加上一个系数乘以5的积来得到新的预测值。也就是说，一阶指数平滑模型会根据预测值和实际值之差来调整预测值。误差所乘系数称为平滑常数（Smoothing Constant），通常用希腊小写字母 α 表示，其取值范围为（0，1）。所以，如果误差很小，调整量就很小，反之调整量就很大。如果用 f_t 来表示 t 期间的预测值，a_t 表示 t 期间的实际销量，那么 t+1 期间的指数平滑模型的预测值如下。

$$f_{t+1} = f_t + \alpha\ (a_t - f_t) \qquad \alpha \in (0,1)$$

如果数据存在大量随机干扰，α 的值应该很小。如果需求水平持续变化，至少在一段时间内 α 的值应该取大一些。比如，假设某产品的需求量很低，又引入了具有竞争力的同类新产品。此后一段时间内，应该增大 α，直到竞争效应让该产品的需求量达到一个新水平并稳定下来。α 的值通常应该为0.1～0.3，但具体值还是取决于数据和实际情况。让我们来考虑一个极端情况。假设 α 的值为0，那么你将总是使用第1个预测值。

$$f_{t+1} = f_t + 0 \times (a_t - f_t)$$

$$f_{t+1} = f_t$$

$$f_{t+n} = f_t$$

另一种极端情况，假设 α 等于1，预测模型就变成了朴素模型。

$$f_{t+1} = f_t + 1 \times (a_t - f_t)$$

$$f_{t+1} = f_t + a_t - f_t$$

$$f_{t+1} = a_t$$

使用一阶指数平滑模型的一个难点在于，必须要有一个初始预测值。所以，进行第 1 次预测时，你需要有一个初始预测值。如果有数据，可以使用平均值代替。如果没有，可以自行确定一个值，或者请教专业人士，对他们给出的预测值取平均值作为初始预测值。无论哪一种方式，都会对预测结果产生一段时间的影响，尤其是当 α 值很小的时候。比如，假设你是在预测由掷骰子产生的需求，但是跟之前一样，你并不知道需求是这样产生的。

图 4−11 是 60 天的预测误差情况。可以看到，前 1/3 部分，偏差几乎都是正值，即这期间的预测属于过预测。这是因为我们最开始估算的初始预测值太小了，加上 α 值较小，该预测值影响的消失过程大概花了 20 天时间。现在，让我们将 α 值修改为 0.5。

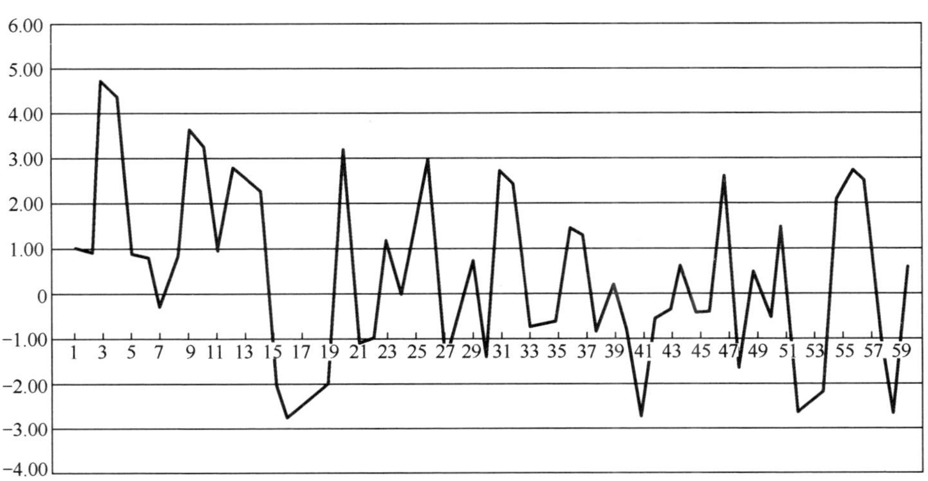

图 4−11　指数平滑模型的预测误差

图 4-12 中，前 20 天没有明显预测误差。这是因为我们增大了 α 值，预测的响应速度因此加快了。

图 4-13 展示了一个初始预测值为 6、α 取值为 0.1 的离散事件仿真过程。可以看到，前 1/3 时间段的预测显然出现了偏差，因为预测误差的平均值为负值。

所以，回到第 1 次预测时没有数据的问题。一个解决办法是用估计值代替，但是先要把 α 值设得接近于 1，然后缓慢地将其调小。

至此，我们只讨论了未来一个时期的预测。如果使用一阶指数平滑模型进行未来 10 个时期的预测，情况又如何呢？答案是，最近一次预测值就是未来 10 个时期的预测值。所以，如果一阶指数平滑模型对下一时期的预测值为 34，那么其对第 20 个时期的预测值也为 34。当然，特定时期的预测值会随着当前时期所改变。到达第 19 个时期后，第 20 个时期的预测值就可能不再是 34，但是基于当前时期对下一时期的预测，第 20 个时期的预测值就是 34。

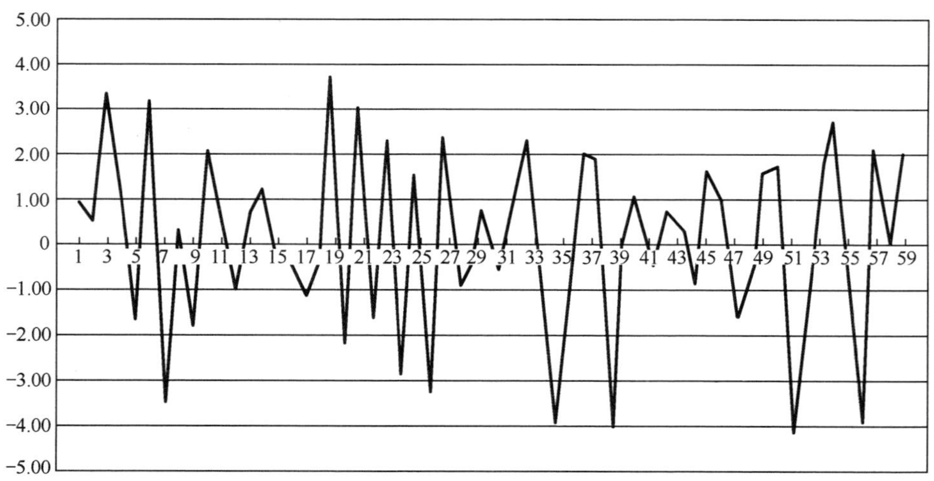

图 4-12　α 取值较大时的预测误差

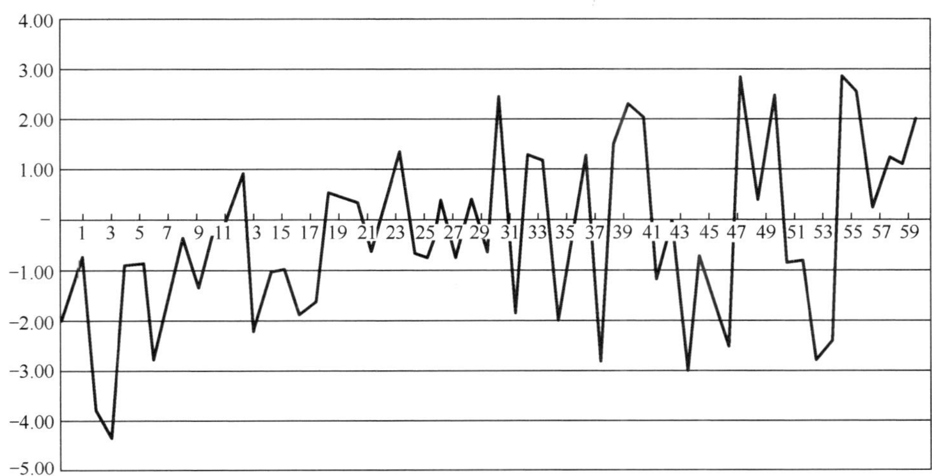

图 4–13　α 取值较小时对初始预测值的影响

现在来看这样一个例子。假设当前时期的预测值为 20，但是实际销量为 30，并且 α 值为 0.1。下一时期的预测值如下。

$$f_{\text{period 2}} = f_{\text{period 1}} + 0.1 \times (a_{\text{period 1}} - f_{\text{period 1}})$$

$$f_{\text{period 2}} = 20 + 0.1 \times (30 - 20)$$

$$f_{\text{period 2}} = 20 + 1 = 21$$

再下一时期的预测值也是如此。

$$f_{\text{period 3}} = 21$$

假设现在我们到达了下一时期的末尾且该时期的实际销量为 11，那么预测值如下。

$$f_{\text{period 3}} = f_{\text{period 2}} + 0.1 \times (a_{\text{period 2}} - f_{\text{period 2}})$$

$$f_{\text{period 3}} = 21 + 0.1 \times (11 - 21) = 21 - 1 = 20$$

所以，在时期 1 结束的时候，时期 3 的预测值为 21；但是在时期 2 结束的时候，时期 3 的预测值为 20。除了确定初始预测值和 α 值以外，在使用一阶指数平滑模型时需要解决的另一个问题是：预测值应该多久更新一次？本例中，预测值是一个时期更新一次，但这既不实际也不是最优做法。不实际的原因在于，你并不能每隔一个时期就更新一次预测值；不是最优做法的原因在于，这样做可能会对系统造成极大干扰。可以使用离散事件仿真来分析这个问题。

给定一个时期，该时期使得偏差接近于 0 的 α 的取值可能与使得预测偏差的标准差最小的 α 的取值不同。偏差很大意味着发生了欠预测，可能会导致预计保护期需求量过低，提高发生缺货的概率。过大的 α 值会导致产生很大的预测误差的标准差，导致安全库存增加。以上例子表明，初始预测值及对 α 值的选取都会对库存管理绩效产生长久的影响。在对这些决策及其预测效果，以及最终对库存管理系统绩效所产生的影响进行评估时，离散事件仿真是一个很有用的工具。

使用一阶指数平滑模型时包含一个假设，那就是需求不存在趋势或季节性特征。如果在需求存在正向趋势的时候使用该模型，预测会出现负偏差。增大 α 值能降低偏差值，因为预测的响应速度会因此加快，但是并不会消除偏差。类似地，如果需求存在负向趋势，偏差会是正值，因为平均预测值会偏大。

趋势调整的指数平滑

现在，让我们使用趋势调整的二阶指数平滑[3]模型来解决需求趋势的问题。

如果需求存在趋势，为了更好地进行库存管理，通过需求预测确定这是一个正向还是负向的趋势就变得十分关键。

实际上，二阶指数平滑模型拟合的是一个带截距和斜率的等式。截距代表需求水平，斜率代表趋势。用创建好的模型预测未来一个时期的需求，你只需要用现有斜率加上截距，即可得到新的斜率。预测未来两个时期的需求，就用现有斜率加上截距的两倍。预测未来 *n* 个时期的需求，就用现有斜率加上截距的 *n* 倍。基于此，很容易就可以看出二阶指数平滑模型的潜在问题。该模型假设趋势是线性的，并且没有上限。我们会在稍后讨论解决这一问题的办法。二阶指数平滑模型的预测公式如下。

$$f_{t+n} = L_t + nT_t$$

其中 L_t 为截距，即预测的需求水平；T_t 是斜率，即预测的需求趋势，*n* 代表未来的 *n* 个时期。所以，如果需求水平等于 20，趋势为 5，则下个时期的需求预测值如下。

$$f_{t+1} = L_t + 1 \times T_t$$

$$f_{t+1} = 20 + 1 \times 5 = 25$$

而如果是预测未来 30 天的需求，那么需求预测值如下。

$$f_{t+30} = L_t + 30 \times T_t$$

$$f_{t+1} = 20 + 30 \times 5 = 170$$

这一结果可能过于乐观了。我们会在本章后面的内容中解决这个问题。

我们先前提供的二阶指数平滑公式是不够的，因为它们无法估算出水平分量 L_t 和趋势分量 T_t。为了估算水平分量，需要引入一个相关的平滑常数，我们在这里也用 α 表示它，取值范围为（0，1）。

为了估算趋势分量，需要用到相关的平滑常数 β，取值范围也为（0，1）。类似于一阶指数平滑模型，使用二阶指数平滑模型预测时，水平和趋势分量都需要有一个初始预测值。并且，与一阶指数平滑模型类似，从一个时期到下一个时期，水平分量调整的剧烈程度会随着 α 值的增大而增加。类似地，趋势分量调整的剧烈程度也会随着 β 值的增大而增加。

用二阶指数平滑模型预测水平分量的计算式如下。

$$L_t = (a_{t-1} + T_{t-1}) + \alpha\,[a_t - (a_{t-1} + T_{t-1})]$$

回顾一下一阶指数平滑模型的公式，可以发现其和上面的公式存在相似的地方。本例中，$(a_{t-1} + T_{t-1})$ 是前一时期对当前水平分量的预测值，$[a_t - (a_{t-1} + T_{t-1})]$ 可被认为是水平分量的 FE；a_t 是实际需求水平，$(a_{t-1} + T_{t-1})$ 则是预测值，两者之差就是 FE。所以，实际上，和一阶指数平滑类似，前一时期对需求水平的预测值也会由误差的一部分矫正。预测趋势分量可以看成预测需求水平的改变情况。所以，趋势的预测值是基于部分误差，通过对前一时期的趋势预测值进行调整来更新的。

$$T_t = T_{t-1} + \beta\,[(L_t - L_{t-1}) - T_{t-1}]$$

再回顾一下一阶指数平滑及二阶指数平滑模型计算需求水平的公式。可以看到，这些公式都使用了前一时期的预测值加上部分误差的算法。我们可以把（$L_t - L_{t-1}$）看成需求水平的实际改变值，T_{t-1} 则是前一时期对改变值的预测。所以，差值就是前一时期的预测误差。现在来看这样一个例子。假设前一时期的水平分量为 100，趋势分量预测值为 1；前一时期的实际销量为 110，当前时期的实际销量为 120，前一时期对当前时期的预测值为 111；α 和 β 值均为 0.1。

$$L_t = (a_{t-1} + T_{t-1}) + \alpha[a_t - (a_{t-1} + T_{t-1})]$$

$$L_t = (110 + 1) + 0.1 \times [120 - (110 + 1)]$$

$$= 111 + 0.1 \times 9 \approx 112$$

$$T_t = T_{t-1} + \beta[(L_t - L_{t-1}) - T_{t-1}]$$

$$T_t = 1 + 0.1 \times [(112 - 111) - 1] = 1$$

现在，让我们来对未来 10 个时期进行预测。

$$f_{t+n} = L_t + nT_t$$

$$f_{t+10} = 112 + 10 \times 1 = 122$$

假设我们要预测未来的 365 个时期，那么预测值如下。

$$f_{t+365} = 112 + 365 \times 1 = 477$$

这一预测值好像就不是很合理了，似乎存在趋势增长速度减小的时间点。

阻尼趋势

解决办法是使用通过阻尼趋势 [4] 调整的指数平滑模型。下式使用了一个阻尼系数 φ，$\varphi \in (0,1)$。

$$f_{t+n} = L_t + \left(\sum_{i=1}^{n} \varphi^i\right) T_i$$

我们仍然使用之前例子中的数值，应用通过阻尼趋势调整的指数平滑模型来预测未来 10 天的数据，并且让 $\varphi = 0.9$。

$$f_{t+10} = 112 + \left(\sum_{i=1}^{10} 0.9^i\right) \times 1$$

$$f_{t+10} = 112 + 5.9 \times 1 \approx 118$$

注意，$\sum_{i=1}^{10} 0.9^i \approx 5.9$，所以相乘时应使用 5.9 而不是 10，现在我们

对未来 365 天的数据进行预测。

$$f_{t+365}=112+\left(\sum_{i=1}^{365}0.9^{i}\right)\times 1$$

$$f_{t+365}=112+9\times 1\approx 121$$

回顾一下之前乘以 365 的情况。可以看出，选取的阻尼系数会对这个结果收敛的速度产生很大影响。如果我们将 φ 设置为 0.98，那么我们会乘以 49 而不是 9，但 49 还是远远小于 365。

图 4-14 的竖轴代表 $\sum_{i=1}^{n}\varphi^{i}$，横轴代表 n，下面的线分别代表 φ 取 0.9、0.91、0.92、0.93、0.94 及 0.98 的情况。可以看到，当 φ 等于 0.9、0.91、0.92、0.93、0.94 时，收敛速度非常快，大概 30 天至 40 天就完成了收敛。φ= 0.9 时，竖轴的取值大概为 37，而当 n=365 时取值为 49。由此可以看出，这个方法能够很好地预防过大的异常预测值。

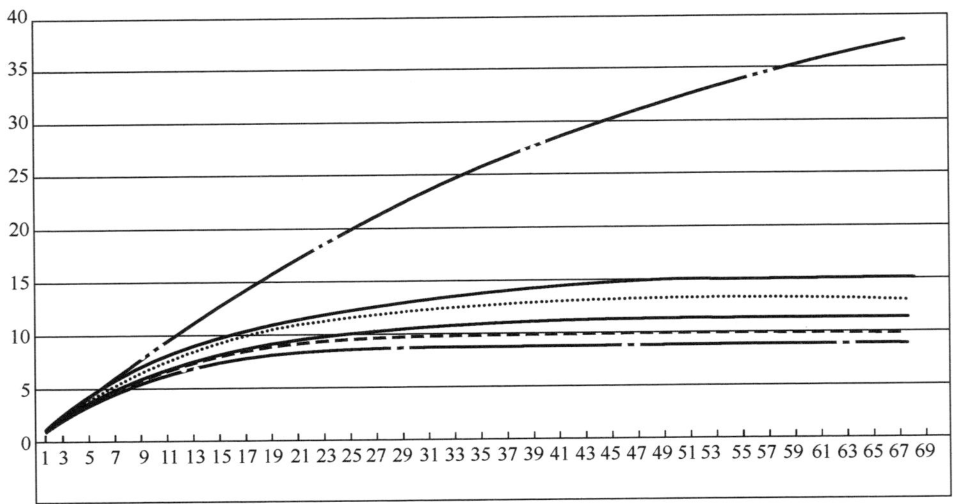

图 4-14 阻尼系数

季节性调整预测

现在来看看存在季节性特征[5]的情况。季节性表现为每年特定的某个时间段内需求的上升。季节性是个很复杂的现象，因为有时是特定日期造成的，如节日；也有可能是由随机变量导致的，如上升的气温；有时两者同时作用。

现在来看几个例子。糖果的需求量会在节日期间上升，因为糖果是节庆的重要组成部分。瓶装水的需求会在气温上升时增加，因为天气热时人们会消耗更多水分。然而，瓶装水的需求在某些节日也会增加，因为人们会在这天聚会；如果天气又很热，其需求又会进一步增加。如果你要预测某期（如即将到来的夏天）瓶装水的销量，而这个夏天恰巧温度又不高，就可能发生过预测。所以，对于瓶装水，你可能需要同时考虑时间和温度两个因素。

利用时间来预测季节性需求，你需要使用针对季节性问题的时序预测法。预测带有一个随机变量的季节性需求，如温度，你需要使用诸如回归一类的方法，后面我们会进一步讨论此内容。想要同时使用时序预测法和回归一类的因果分析方法，可以使用两者的线性组合。同样，之后我们会对此展开讨论。

预测每个季度的季节性需求的一个简单方法是为年预测结果增加季节因子。比如，在预测年需求的时候可以不用考虑季节性特征，因为年需求整体体现不出季节性。所以，你可以回顾一下过去几年的需求数据，看看每个季度的需求各自占年需求的百分比。假设你发现每个季度所占年需求的比例分别是 10%、40%、30%、20%。如果存在趋势，你可能会使用二阶指数平滑模型来预测年需求，然后加入季节因子。假设你得出的预测结果为 1 亿美元，并将其中的 1,000 万美元分配到第 1 季度（10%×1 亿美元），将 4,000 万美元分配到第 2 季度（40% × 1 亿美元），将 3,000 万美元分配到第 3 季度（30% × 1 亿美元），剩下 2,000 万美元分配到第 4 季度（20% × 1 亿美元）。当然，这个方法只有在每年的季节因子稳定不变的情况下才适用。

可能会有各种类型的季节性特征，可能有以周为单位体现的。比如，许多杂货店在周末的销量会大于工作日的销量，部分原因是周末购物的人更多。然而有些店的工作日销量比周末更多，这主要取决于产品类型、位置和零售商等。以袋装冰块为例。人们大多会在周末购买冰块，为聚会、特别活动等做准备。一些店 80% 的冰块可能都是在夏季的周末卖出的。那么你就可以使用这个季节因子来预测一周的需求。在这个例子中，产品在夏天的销量大于冬天。因此，你可能会考虑以周为单位进行预测，在考虑年度季节性特征的同时，使用周季节因子将需求分配到一周中的每天。这种预测方法的准确性取决于周季节因子的稳定性及以周为单位预测的准确性。

现在，我们来使用一种叫作无趋势加法季节性指数平滑（additive seasonality exponential smoothing without trend）的模型。这个模型的季节因子和预测的需求水平并不是静态的，而是动态更新的。更新方法类似于一阶、二阶指数平滑模型中对需求水平的更新，以及二阶模型对于趋势的更新。我们用 p 来表示季节之间的天数，L_t 代表第 t 天的需求水平预测值，S_t 表示第 t 天的增量季节需求。那么需求水平的预测值如下。

$$L_t = L_t - 1 + \alpha\ [(a_t - S_{t-p}) - L_t - 1]$$

然后对前一天的预测值用部分误差加以调整。可以把 $a_t - S_{t-p}$ 看作基于前一季度实际需求和增量季节需求的第 t 天的实际需求水平，L_{t-1} 则是第（$t-1$）天对第 t 天需求水平的预测值。

现在，让我们看看如何更新增量季节需求。

$$S_t = S_{t-p} + \beta[(a_t - L_t) - S_{t-p}]$$

所以，增量季节需求是通过 p 天前对于增量季节需求的预测及部分预测误差来更新的。可以把 $a_t - L_t$ 看作实际增量季节需求，S_{t-p} 是估计值，所以偏差为（$a_t - L_t$）$- S_{t-p}$。

最后，我们使用以下公式来预测未来的需求。

$$F_{t+n} = L_t + S_{t+n-p}$$

假设 $L_t = 300$，你想预测未来一天的需求水平，所以设 $n=1$。假设季节间隔为 12 个月（$p=12$），$S_{t+1-12} = 100$，那么有如下结果。

$$F_{t+1} = 300 + 100 = 400$$

现在我们再回到前面的例子：预测的年需求为 1 亿美元，其中，第 1 季度需求为 1,000 万（10%×1 亿）美元，第 2 季度为 4,000 万（40%×1 亿）美元，第 3 季度为 3,000 万（30%×1 亿）美元，第 4 季度为 2,000 万（20%×1 亿）美元。当前的需求水平为每年 1 亿美元 /4 季度 =2,500 万美元 / 季度。所以，L_t =25。

然后有 $S_{t+1-4} = 10 - 25 = -15$，$S_{t+2-4} = 40 - 25 = 15$，$S_{t+3-4} = 30 - 25 = 5$，$S_{t+4-4} = 20 - 25 = -5$。

现在，假设第 1 季度的实际需求为 1,500 万美元，并且 $\alpha = 0.1$，$\beta = 0.1$。

$$L_{Q1} = 25 + 0.1 \times [(15 + 15) - 25] = 25 + 0.5 = 25.5$$

$$S_{Q1} = -15 + 0.1 \times [(15 - 25.5) + 15] = -15 + 0.45 \approx -14.5$$

可以看到，由于实际需求比上一年高了500万美元，负季节因子的值减小，需求的估计值增加了50万美元。所以，如果想预测*Q*2，可使用以下公式。

$$F_{Q2} = 25.5 + 15 = 40.5$$

结果比上一年的*Q*2多出了50万美元。记住，增加的原因是本年的*Q*1比去年的*Q*1多出了500万美元。现在，我们来看看带阻尼趋势的三阶指数平滑模型，它是霍尔特－温特预测模型（Holt–Winter Model）的一个变体。γ为季节分量的平滑常数，取值范围也为（0，1）。我们定义$\sum_{i=1}^{p} S_i = p$。比如，假设$p=4$，一种可能是$S_1=0.5$，$S_2=1.5$，$S_3=0.3$，$S_4=1.7$，其相加结果等于4。

$$L_t = \left(L_{t-1} + T_{t-1}\right) + \alpha\left[\left(\frac{a_t}{S_{t-p}}\right) - \left(L_{t-1} + T_{t-1}\right)\right]$$

$$T_i = T_{i-1} + \beta\left[\left(L_t - L_{t-1}\right) - T_{i-1}\right]$$

$$S_t = S_{t-p} + \gamma\left[\left(\frac{a_t}{L_t}\right) - S_{t-p}\right]$$

下面是一个带线性趋势的预测模型（霍尔特－温特模型的传统应用）。

$$f_{t+n} = (L_t + nT_t)S_{t+n-p}$$

下面是一个带阻尼趋势的预测模型。

$$f_{t+n} = \left(L_t + \left(\sum_{i=1}^{n} \varphi^j\right) T_i\right) S_{i+n-p}$$

图4–15展示了带趋势和带阻尼趋势的乘法季节模型的差异。横轴代表时间，以季度为单位，长度为3年；竖轴是销量预测值。实线代表趋势乘法季节模型，点划线代表阻尼趋势乘法季节模型。可以看到，后者

季节性波动的程度是逐渐减弱的。

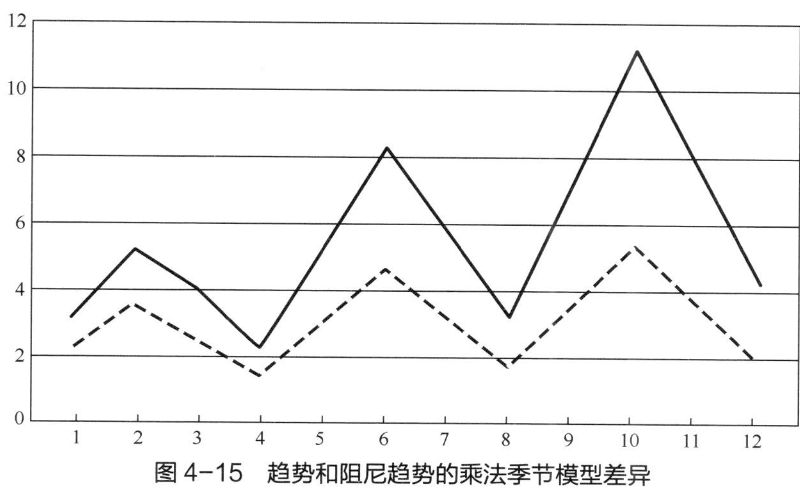

图 4-15　趋势和阻尼趋势的乘法季节模型差异

图 4-16 的趋势是负向的，可以看到，趋势乘法季节模型（实线）的负向趋势比带阻尼趋势的乘法季节模型（点划线）更加明显。实际上，随着预测时间的增长，无阻尼趋势模型预测的波动会变小，这与我们所观察到的正向趋势模型的情况相反。

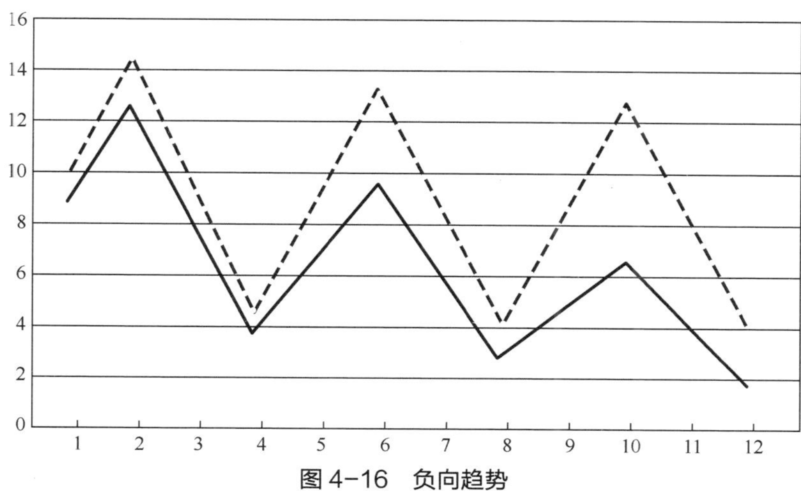

图 4-16　负向趋势

应注意到，预测需求水平的 3 个等式及时序的季节分量和我们讨论过的平滑模型类似。比如，都需要设置初始预测值，预测更新值都是用前一时期的预测值加上部分误差得到的。比如，等式中的（L_{t-1} + T_{t-1}）是 t 时期的水平分量预测值，但实际等于 $\frac{a_t}{S_{t-p}}$，a_t 是实际销量，除以 S_{t-p}，销量中的季节分量就被除去，只留下了实际水平分量。比如，假设 a_t = 10，S_{t-p}=0.5，那就意味着 t 时期的销量为 10 个单位，需求的季节性波动导致预测值等于本时期实际需求水平的一半，所以用 10 除以 0.5 就可以得到本时期的实际水平分量 20。最后，误差就等于 $\left[\frac{a_t}{S_{t-p}}-\left(L_{t-1}+T_{t-1}\right)\right]$，本时期的实际水平分量和预测值之差等于 t−1。

现在我们来计算季节分量。

$$S_t = S_{t-p} + \gamma\left(\frac{a_t}{L_t} - S_{t-p}\right)$$

同样地，我们将前一时期的季节因子 S_{t-p} 用误差 $\left(\frac{a_t}{L_t} - S_{t-p}\right)$ 的一部分乘以 γ 进行调整。本时期的实际需求等于 α_p，除以水平分量就等于本时期的实际季节分量。比如，假设前一时期的实际销量为 75 个库存单位，但本时期的水平分量等于 100 个库存单位，那么本时期的实际季节分量就为 $\frac{a_t}{L_t}=\frac{75}{100}=0.75$。现在我们假设季节分量的平滑常数 γ= 0.1 且 S_{t-p} = 0.80。

$$S_t = S_{t-p} + \gamma\left(\frac{a_t}{L_t} - S_{t-p}\right)$$

$$S_t = 0.80 + 0.1 \times \left(\frac{75}{100} - 0.80\right)$$

$$S_t = 0.80 + 0.1 \times (0.75-0.80)$$

$$S_t = 0.80 - 0.1 \times 0.05$$

$$S_t = 0.80 - 0.005$$

$$S_t = 0.795$$

到目前为止我们已经讨论了 4 种类型的指数平滑模型：只预测需求水平的一阶指数平滑模型；带趋势的一阶指数平滑模型；无趋势加法季节性指数平滑模型；带趋势的乘法季节性指数平滑模型。现在我们从预测时间序列的水平分量的视角出发，对以上模型加以比较，各模型的时间序列的水平分量计算公式如下所示。

一阶：$f_{t+1} = f_t + \alpha(a_t - f_t)$。

趋势调整：$L_t = (a_{t-1} + T_{t-1}) + \alpha\, [a_t - (a_{t-1} + T_{t-1})]$。

无趋势加法季节性：$L_t = L_{t-1} + \alpha\, [(a_t - S_{t-p}) - L_{t-1}]$。

趋势乘法季节性：$L_t = \left(L_{t-1} + T_{t-1}\right) + \alpha\left[\dfrac{a_t}{S_{t-p}} - \left(L_{t-1} + T_{t-1}\right)\right]$。

注意，一阶指数平滑模型和无趋势加法季节性模型的最后一次预测只得到了需求水平的预测值，但趋势调整模型和趋势乘法季节性模型还包括趋势的预测值。原因在于，最后一个时期的需求水平预测值等于倒数第 2 个时期的需求水平加趋势的实际值，这个预测值必须根据偏差加以调整。加法和乘法季节模型既可以带趋势也可以不带趋势。我们使用的加法季节模型不带趋势，乘法季节模型则带有趋势，但并不意味着必须这样设定。

趋势调整的指数平滑模型和带趋势的乘法季节性模型中的趋势计算等式是一样的：$T_t = T_{t-1} + \beta\, [(L_t - L_{t-1}) - T_{t-1}]$。并且，带趋势的加法模型计算趋势也使用上面这个等式。除了加法季节性模型，其他模型的季节分量的计算都是类似的。加法季节性模型中的季节分量以需求单位数表示，而在乘法模型中则以一个比值表示，除此以外它们的计算式是一样的。

$$S_t = S_{t-p} + \beta\,[(a_t - L_t) - S_{t-p}]$$

$$S_t = S_{t-p} + \gamma\left(\frac{a_t}{L_t} - S_{t-p}\right)$$

回顾一下，未来 n 个时期的季节分量的预测值如下。

$$F_{t+n} = L_t + S_{t+n-p}$$

如果带有线性趋势，则预测值如下。

$$F_{t+n} = L_t + nT_t + S_{t+n-p}$$

而对于带趋势的乘法季节性模型，则预测值如下。

$$F_{t+n} = (L_t + nT_t)S_{t+n-p}$$

需要注意的是，使用趋势加法模型时，不管趋势如何，季节分量都是一样的，这并不合理。假设每个月的实际需求为 100 个单位，季节因子等于 10。假设对于第 24 个月，模型给出的预测值为每月 1,000 个单位，但季节因子仍然等于 10。使用乘法模型时，季节因子会随着 n 的增大而增大。在某种程度上，这或许还是合理的，但最终季节因子可能会过大。解决方法是使用阻尼趋势模型。前面已经展示了阻尼趋势如何与乘法模型结合使用，下面将展示它如何与加法模型结合使用。

$$F_{t+n} = L_t + \left(\sum_{i=1}^{n}\varphi^i\right)T_t + S_{t+n-p}$$

季节性指标通常仅基于少量数据。假设 S_{t+n-p} 中的 p =12 个月。使用两年的代表性数据是不常见的。确实有时会使用多年的代表性数据，但通常不会如此。如果你只有两年基于特定季节观测值的代表性数据，若使用满是随机错误的季节因子，则它所带来的不确定性的弊端会多过季节因子本身的好处。你可以使用具有高 β 值的趋势调整预测值来快速响应季节性，但高 β 值也会给季节因子带来更多的随机干扰。还可以使用如一阶指数的平滑这样的水平模型。如果使用一个水平模型来预测存在季节性的需求，可能会导致整年的安全库存过多[1]、旺季的周期库存过少及淡季的周期库存过多。图 4-17 中的实线对应的是确定性加法季节性模型，水平分量为 100；点划线所对应的模型是之前的模型加上一个由平均值为 0、标准差为 20 的正态分布仿真得到的随机项。在平均值为 49、标准差为 12 的正态分布中，值小于 0 的概率为 0.00002，即 100,000 个值中会有 2 个负值。上下两图对两个不同的离散事件仿真使用了同一个分布，两者使用了同一种确定性模型。通过这些图示，可以看到，仅使用两年的数据来估算季节性分量是一个具有挑战性的任务——因为甚至只要存在一点随机干扰，偏差都会很大。

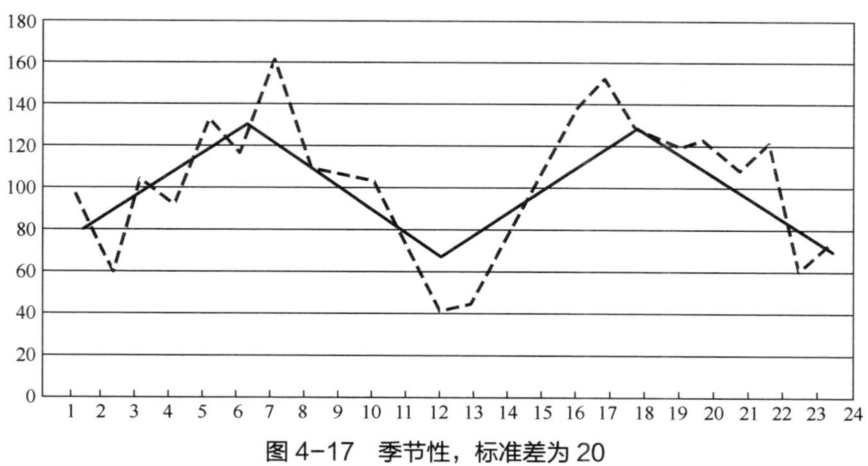

图 4-17　季节性，标准差为 20

1　“过多”在于，如果能够有效解决季节性的问题，预测偏差将会减小。难点在于，季节分量本身会引入预测偏差。

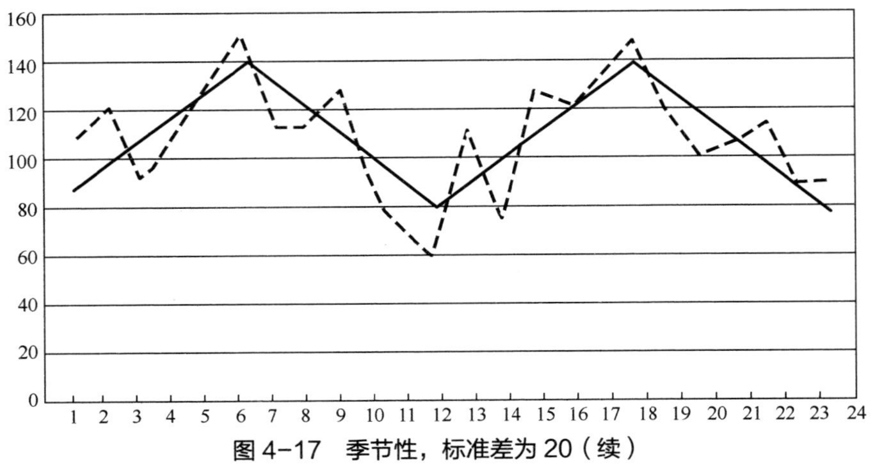

图 4-17　季节性，标准差为 20（续）

图 4-18 和图 4-17 除了随机项的标准差不同以外，其余方面都是相同的——前者的标准差为 50，而后者的为 20。

可以看出，季节分量的预测值是完全不合理的。因此，在使用季节性模型的时候一定要非常小心。实际上，从图 4-18 可以看出，在对未来一年进行预测时，一阶指数平滑模型比季节性模型的预测效果更好。

季节性模型的季节分量会干扰预测模型，降低预测结果的准确度。图 4-18 中的不确定水平可能就对应着店里某个平均月销量为 100 的商品。然而，如果对 200 家店铺里具有同一种季节性特征的商品销量取平均值，或许可以更准确地估算季节分量。

如果同时预测趋势和季节性分量，这一结论会更显而易见，如图 4-19 所示。

在图 4-19 中，实线对应的是加上了一个随机项的确定性模型，随机项是通过一个平均数为 0、标准差为 50 的正态分布仿真得到的。正如你所见，两个图的季节性都很难检测。虚线是实线和点划线的回归线（细虚线对应实线，粗虚线对应点划线）。回归模型将月份数作为自变量，水平分量作为因变量。因此，细虚线是实际趋势分量，而粗虚线是预测的趋势分量。总的说来，预测趋势分量比预测季节性分量更容易。

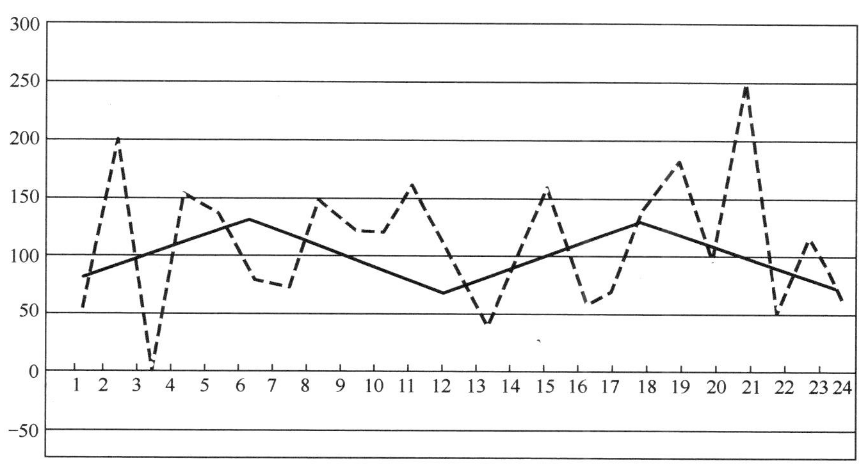

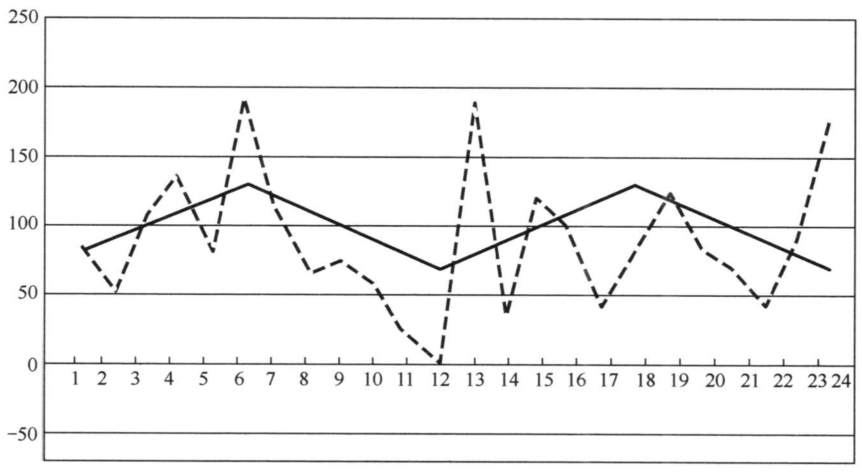

图 4-18　季节性，标准差为 50

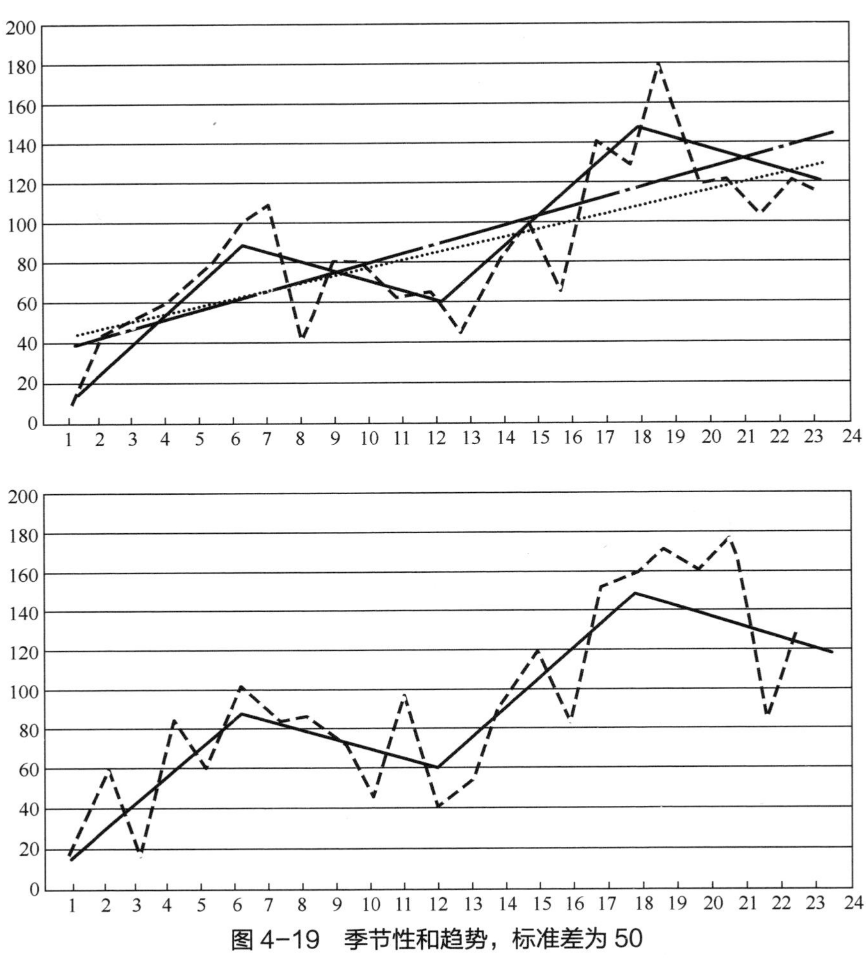

图 4-19 季节性和趋势，标准差为 50

因此，在这两个例子中，如果趋势的初始预测值偏差较大，使用通过阻尼趋势调整的指数平滑模型，其影响比使用非阻尼趋势的模型小。之前说过，除随机项一个为 50、另一个为 20 以外，图 4-18 和图 4-17 是相同的。在图 4-20 中，季节性分量的估算虽然还是很难，但是趋势分量的预测值和实际值很接近。

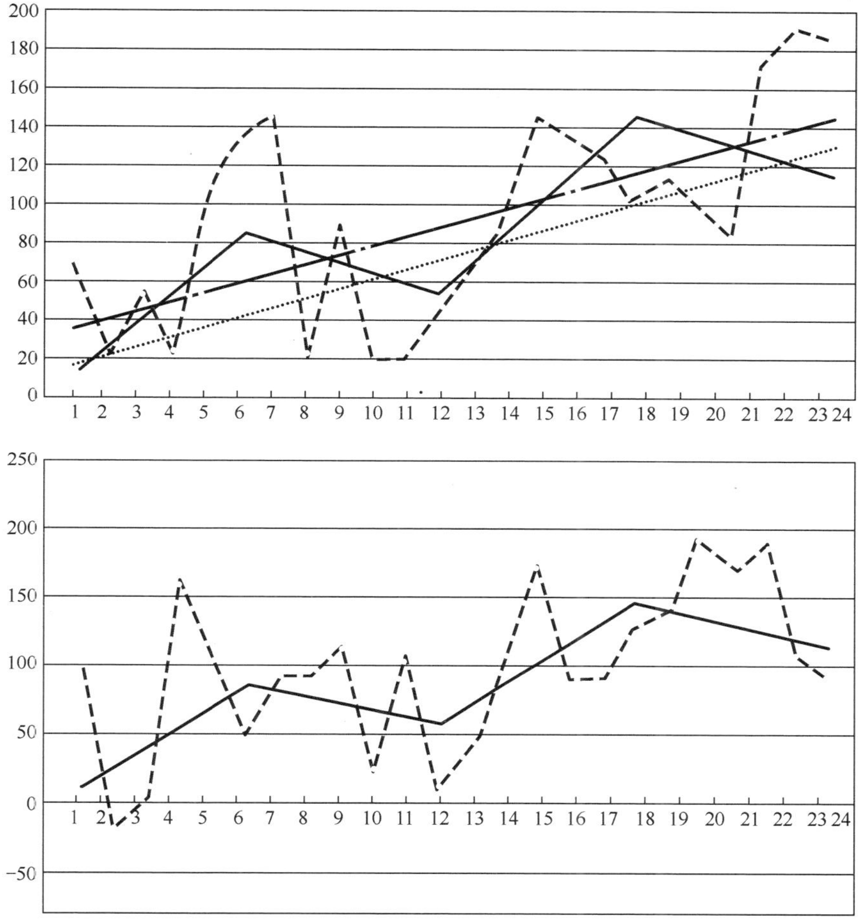

图 4-20　季节性和趋势，标准差为 20

如果趋势足够明显，即使需求存在大量干扰项，趋势分量的预测值仍然相对准确，前提是必须确保预测趋势时有足够多的数据。图 4-21 就是一个例子。

图 4-21 是通过只有水平分量的需求仿真得出的。水平分量为 10，随机项通过一个平均值为 0、标准差为 5 的正态分布仿真获得。这个例子的需求似乎存在趋势，但是很明显，基于其使用的模型，实际并不存在

趋势。

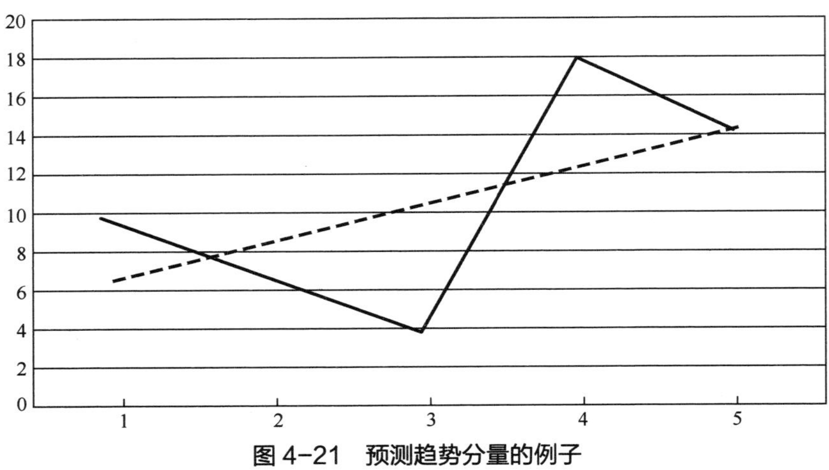

图 4-21　预测趋势分量的例子

图 4-22 的数据是通过和图 4-21 相同的分布仿真得出来的，但仿真周期为 40。当然这只是一个离散事件仿真，但通过它可以看出，你甚至可以在 40 个周期内检测出并不存在的趋势。

听起来好像是，我们向你展示了趋势和季节性模型，现在又跟你说，或许不应该使用这些模型，但实际并非如此。我们只是想解释使用趋势和季节性模型的时候需要注意的方面。在图 4-22 中，如果我们使用阻尼趋势，所检测出（实际并不存在）的小趋势的影响会被最小化。然而，仅使用阻尼趋势还不够。在建立预测模型之前，利用一些逻辑和其他经验数据会很有帮助。我们有理由相信趋势和季节性存在吗？为什么？逻辑是什么？要回答这些问题，可能你需要向他人，尤其是懂销售和营销的人寻求帮助。此外，如果市场份额增大，需求可能存在一个向上的趋势。

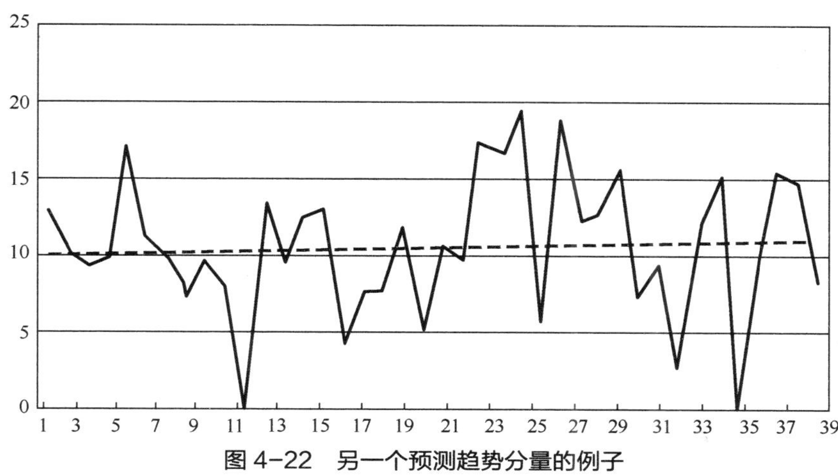

图 4-22 另一个预测趋势分量的例子

因果模型

有许多其他类型的时序预测模型，但是现在，我们要讨论的是因果模型，尤其是回归模型。建立高效回归模型的能力的要求比建立时序平滑模型的要求更高。本书后面的内容也会用到回归模型，为了解决不同的问题，学习回归模型很有必要。回归是一个复杂的话题，我们并不会深入分析，而只是从应用的角度来讨论。

回归模型

要构建一个回归模型，你必须定义自变量和因变量。由于我们要预测销量，因此因变量就是销量。回归的过程就是寻找一条使误差平方和最小的拟合曲线。这里的误差指的就是预测偏差。如之前所说，第 i 个时期的预测偏差等于 $\mathrm{FE} = a_i - f_i$，其中 a_i 是第 i 个时期的实际销量，f_i 是预测销量。在回归模型中，它们不叫预测偏差而叫作残差。因为很多时候，回归并不是为了预测，而是为了验证假设。回归会使 n 个观测值的残差平方和最小，其数学表达式如下。

$$\min\sum_{i=1}^{n}\left(a_i - f_i\right)^2$$

回归模型中，通过选择回归系数使这个和最小。预测回归模型的等式通常如下。

$$f\left(X_i\right)_{i=1}^{m} = b_0 + \sum_{i=1}^{m} b_i X_i$$

回归能确定 m 个自变量的截距 b_0 及斜率 b_i（即回归系数），取值标准就是要使残差平方和最小。包括微软 Excel 在内的许多软件都能够用来建立回归模型。

我们从一个基于预测方法的最简单的回归模型——趋势预测回归模型开始。图 4-23 是我们用来建立预测回归模型的数据。

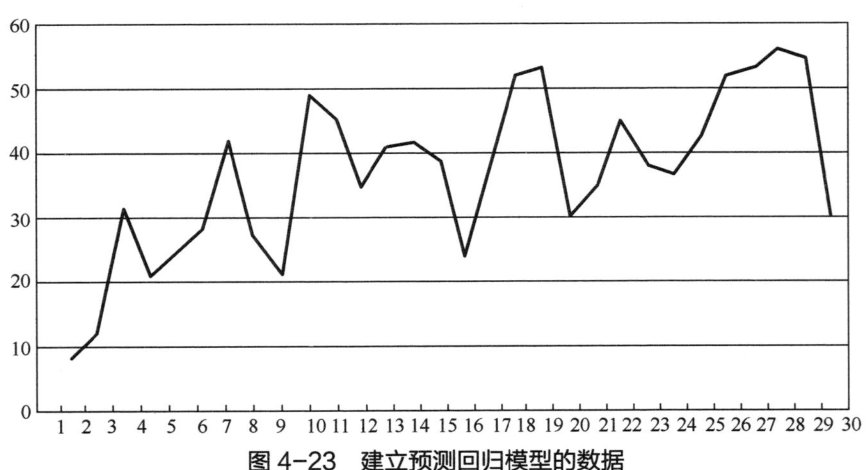

图 4-23　建立预测回归模型的数据

表 4-2 包含了图 4-23 中的数值。

表 4-2 具体数值

周	销量
1	8
2	12
3	31
4	21
5	24
6	28
7	42
8	27
9	21
10	49
11	45
12	35
13	41
14	42
15	39
16	24
17	39
18	52
19	54
20	30
21	35
22	45
23	38
24	37
25	42
26	52
27	53
28	56
29	55
30	30

使用回归分析法后，我们得到如下预测模型。

$$F_t = 22 + 0.95t$$

即回归模型得到的截距为 22，斜率为 0.95。所以如果我们要预测第 31 周的数据，将得到如下结果。

$$F_{31} = 22 + 0.95 \times 31 \approx 51$$

第 50 周的预测值如下。

$$F_{50} = 22 + 0.95 \times 50 \approx 70$$

回归结果显示，模型有着显著性差异，相关系数平方（R^2）为 0.43，这意味着预测结果中 43% 的偏差都可以用周数来解释。

可以用回归法来估计阻尼趋势及类似的趋势。我们可以使用如下模型。

$$F_t = at^b$$

为了使用回归法，我们必须首先对等式两边取自然对数。

$$\ln F_t = \ln(at^b)$$

$$\ln F_t = \ln a + \ln(t^b)$$

$$\ln F_t = \ln a + b\ln t$$

相关系数平方从 0.43 变成了 0.64，这意味着回归的“幂”形式能够更好地解释销量偏差。我们使用回归法所得到的实际模型如下。

$$F_t = 12t^{0.42}$$

在运行回归模型以后，得到的斜率为 0.42，为了使得斜率等于 12，必须将截距增大为 e 的幂次。所得到的截距等于 2.48，所以 $e^{2.48} \approx 12$。

现在，就像之前使用线性回归模型那样，我们来预测第 31 周和第 50 周的数据。

$$F_{31} = 12 \times 31^{0.42} \approx 51$$

这和使用线性模型的预测结果是一样的。下面来计算第 50 周的预测值。

$$F_t = 12 \times 50^{0.42} \approx 62$$

所以，使用幂次模型得到的第 50 周的预测值为 62，而用线性模型得到的预测值为 70。可以看出，幂次模型类似于阻尼趋势模型，但条件是 b 的值在 0 和 1 之间。如果 b 大于 1，当预测周期很长，预测值会产生很严重的偏差。

加法和乘法模型

有时，你需要基于价格、促销支出、广告、同类产品价格和其他变量来预测销量。这时，你可能不仅想要预测销量，还会想要验证某些假设，比如增加促销活动支出会使销量增加。如果是这样，比起仅使用回归模型进行预测，进行假设验证的时候你需要更加仔细。

假设我们希望在预测的时候将趋势、促销支出、广告、产品价格都考虑在内。我们可以使用如下的乘法幂次回归模型来获取预测模型。

$$F_t = a \times t^{b_1} \times 广告^{b_2} \times 促销^{b_3} \times 价格^{b_4}$$

还可以获取如下线性模型。

$$F = a + b_1 t + b_2 广告 + b_3 促销 + b_4 价格$$

乘法幂次模型相对于线性模型存在几点优势。首先，乘法幂次模型考虑到了自变量之间可能存在的相互作用。比如，广告支出的效果可能取决于产品价格。其次，自变量和销量之间的相互关系可能是非线性而不是线性的。比如，我们之前就已经讨论过的自变量时间就是如此，还有其他自变量，如广告等。也就是说，销量会随着广告支出的增加而增加，但是最终前者的增加速度是逐渐降低的[1]。最后，可以把回归系数看成一种弹性值。假设运行完回归模型后得到 b_2=0.3，我们可以把这个结果理解为，如果广告投入增加 1%，销量就会增加 0.3%[2]；类似地，如果 b_4=−2，那么将产品价格降低 1%，销量就会增加 2%，需求的价格弹性很高。这也表明了回归假设是成立的。现在，为了使用回归模型做准备，必须对自变量和因变量同时取自然对数。

$$
\begin{aligned}
F_t &= a \times t^{b_1} \times \text{广告}^{b_2} \times \text{促销}^{b_3} \times \text{价格}^{b_4} \\
\ln F_t &= \ln\left(a \times t^{b_1} \times \text{广告}^{b_2} \times \text{促销}^{b_3} \times \text{价格}^{b_4}\right) \\
\ln F_t &= \ln a + \ln t^{b_1} + \ln \text{广告}^{b_2} + \ln \text{促销}^{b_3} + \ln \text{价格}^{b_4} \\
\ln F &= \ln a + b_1 \ln t + b_2 \ln \text{广告} + b_3 \ln \text{促销} + b_4 \ln \text{价格}
\end{aligned}
$$

这和我们在用回归法估计趋势幂次模型的时候差不多。现在，假设我们将节日作为自变量之一。为此，我们需要引入一个虚拟变量。

$$
D = \begin{cases} 1 & \text{如果是节日} \\ 0 & \text{如果不是节日} \end{cases}
$$

所以，等式可以表示如下。

$$
\ln F = \ln a + b_1 \ln t + b_2 \ln \text{广告} + b_3 \ln \text{促销} + b_4 \ln \text{价格} + b_5 D
$$

注意，我们并没有对 D 取自然对数，这是因为当 D=0 时，取自然对数是没有意义的。当然，与之前不同，现在 b_4 以外的回归系数才可以被理解为弹性系数。

1 最终，广告投入的收益率会呈下降趋势。

2 或者说，广告支出增加 10%，销量会增长 3%。

回归假设

如果我们想要用这个模型来做预测以外的事，比如使用估计的弹性系数，验证某一变量是否具有显著差异的假设，我们需要确保回归假设是被满足的。由于本书并不是专门讲解回归的书，我们仅考虑以下这些高层假设。

（1）假设残差满足平均值为 0 的正态分布。所以，残差的柱状图应该是钟形的。

（2）残差和时间不相关。如果残差和时间相关，就称其为自相关。

（3）如果对于不同层次的因变量，其残差的方差都是相同的，就称其为具有方差齐性（homoscedasticity）。反之，如果对于不同层次的因变量，其残差的方差都是不同的，那么就称其为具有异方差性（heteroscedasticity）。

（4）自变量是相互独立的，反之就称其为相关的，也称具有多重共线性（multicollinearity）。

（5）还有其他许多假设，如果不满足这些假设，也有很多方法解决，但这一话题超出了本书范畴。

参考文献

[1] Armstrong, Jon Scott, ed. Principles of Forecasting: A Handbook for Researchers and Practitioners.Vol. 30.New York: Springer, 2001.

[2] Brown, Robert G. Exponential Smoothing for Predicting Demand. Cambridge, MA:Arthur D. Little,1956.

[3] Holt, Charles C. "Forecasting Seasonals and Trends by Exponentially Weighted Moving Averages." *International Journal of Forecasting* 20.1(2004): 5−10.

[4] Taylor, James W. "Exponential Smoothing with a Damped Multiplicative Trend." *International Journal of Forecasting* 19.4(2003): 715–725.

[5] Winters, Peter R. "Forecasting Sales by Exponentially Weighted Moving Averages." *Management Science* 6.3 (1960): 324–342.

05

库存流程的离散事件的仿真分析

由于数据和运算的复杂性，许多库存流程的模型如果不借助计算机将会很难建立，而通过离散事件仿真则比较容易做到。离散事件仿真是一个十分具有广度和深度的学科，许多软件都能够进行离散事件仿真。本章我们不会深入讨论离散事件仿真的理论和太复杂的相关内容，也不会专门讨论软件的使用。但我们会在 Excel[1] 中进行库存流程的离散事件仿真，讨论改进、分析和解释结果的方法。离散事件仿真不仅可以为复杂的补货流程建模，还可以将需求和提前期等因素的不确定性都考虑在内，同时显化执行误差。最后，离散事件仿真还可以用来估算改变补货流程参数、优化执行过程及使用不同补货流程带来的绩效变化。

本章的目的在于让读者掌握在 Excel 中进行离散事件仿真、为库存流程建模的能力。离散事件仿真这个工具十分强大，并且在 Excel 中很容易就能使用。通过学习本章的内容，你将学会创建一个完整的离散事件仿真模型，或者至少创建一个原型。如果能够建立原型，在与离散事件仿真专业人员共事时，你就能够更完整地就流程模型、决策类型和绩效指标及其计算方法与他们交流想法。库存管理经理想要的模型和离散事件仿真专业人员最终交付的模型经常存在差异。本章内容可以帮助你消除这个差异。另一个收获是，你会更清楚地认识到模型对应的库存流程的复杂性。

---

1 在 Ragsdale, C. T.Spreadsheet Modeling and Decision Analysis. Cincinnati, OH:South-Western, 1998. 中可以找到关于这些内容的专业性讨论。

了解库存补货流程

在开始进行离散事件仿真之前，你需要清楚地知道，自己为什么要为这些流程建模。建立的模型和产生的分析结果将面向哪些客户？如果建模很成功，模型清晰且产生了决定性的输出结果，之后又如何？怎样展示这些结果？客户对库存流程、库存理论和离散事件仿真的了解如何？

在进行离散事件仿真前，必须要清楚流程实际的工作机制和建模方法。所以首先要编制库存流程的文档。以下是你需要回答的一系列问题。

（1）何时能够下单？

① 具体在哪个时间点？

② 下单频率如何？

③ 达到什么库存水平时下单？

（2）订货量为多少？

① 订货量存在上限吗？

② 订货量存在下限吗？

③ 订货量是不是固定的？

④ 是否能够以固定订货数量的倍数订购？

⑤ 是否存在 OUL ？

⑥ 如果无法在订单增量中达到 OUL，是采用四舍五入还是别的规则？

⑦ 订单是基于库存单位还是货币单位？

（3）时间增量是多少？

① 以天、周，还是月计？

② 所有的产品都使用同样的时间增量吗？

③ 时间增量可以被重写吗？

（4）提前期有多久？

① 供应商是否只有一个？

② 如果有多个供应商，他们的提前期是否相同？

③ 提前期的可变度高吗？

④ 提前期的历史最小值和最大值分别为多少？

⑤ 提前期数据源是否可靠？

⑥ 一整年的提前期是否始终不变？

⑦ 提前期能否缩短？

⑧ 提前期由什么组成？

⑨ 其中最长的组成部分是什么？

⑩ 哪个组成部分是最不确定的？

⑪ 在途时间有多长？

（5）需求有多少？

① 是否基于历史销售数据？

② 其中是否包含缺货信息？

③ 是否需要清洗销售数据？

④ 需求的经验分布如何？

⑤ 实际需求分布最好使用哪一种理论概率分布？

（6）使用哪种预测方法？

① 要使用时序法吗？

② 移动平均模型的周期为多长？

③ 平滑常数为多少？

④ 预测值的 MAD、MAPE、偏差和标准差分别为多少？

（7）库存存在什么限制因素吗？

① 空间限制？

② 库存投资限制？

（8）使用哪些绩效指标？

① 如何衡量准时交货率？

② 如何衡量供应比率？

③ 如何衡量缺货率？

④ 如何衡量库存？

（9）如何重写系统生成的订单？

① 谁有这个权力？

② 需要做哪些决策？

（10）库存成本是多少？

① 库存成本由什么组成？

② 如何监测这些成本？

（11）固定订购成本是多少？

（12）不定订购成本是多少？

（13）是否有数量折扣？

① 数量折扣以什么方式计算？

② 接收数量折扣的流程是怎样的？

（14）库存水平的准确度如何？

① 处于补货流程中的哪一环节时库存水平会变得不准确？

② 间隔多久会发生一次这种情况？

③ 多久进行一次库存盘点？

（15）单位成本是多少？

（16）运输成本是多少？

（17）采用什么运输方式、哪种承运人？

（18）产品属于哪种类型的商品？

（19）产品的质量和体积是多少？

（20）库存流程中，何时何地会产生执行问题？

① 货物被接收以后，是否总是能马上得到安置？

② 在安置货物的过程中，何时会出现问题？

③ 货物拾取出错了吗？出错率是多少？

④ 货物运输出错了吗？出错率是多少？

（21）货物有被损坏吗？

① 损坏频率是多少？

② 何时会被损坏？

③ 处于补货流程中的哪些环节时库存会被损坏？

上述只列举了一小部分应该回答的问题。每个情景都会出现我们无法完全预测的特殊情况，但是尝试回答这些问题能帮助你更好地预测。将流程仔细地记录下来并带着问题深入研究流程是很重要的。你需要确保自己知道这些问题的答案，还要批判地看待这些答案。用流程图来记录流程是个好方法，之后你可以和专家以及了解流程的职员使用文档和流程图来进行审查，你可能会发现大量的错误及被错误误解的地方，也可能会发掘补货流程中新的决策点和限制因素。多人、多部门的视角对分析很有帮助。使用实验室计算机能够帮助你更好地记录流程。你应该多做笔记，记下记录日期、采访对象。在与能提供重要信息的人物召开会议以后，你也应该和他们一起总结所讨论的所有内容，这样有助于发现对流程理解错误的地方。在结束会议以后，你还应该将会议记录进行分析，将所有疑问记录下来。

需求的随机性

要模拟随机性，我们需要使用随机数发生器和累积概率的逆分布。假设在一个有 3 种取值——0、1、2 的转盘中，0 占整个区域的 90%，1 占 7%，2 占 3%。对应的累积概率模型为：取到 0 的概率为 0.9，取到 [0，1] 的概率为 0.97，取到 [0，2] 的概率为 1。这个累积概率逆分布的取值范围为 0 ~ 1，将其映射成为事件的结果。比如，0.99 映射到 2，0.92 映射到 1，0.333 映射到 0。通常在 0 ~ 0.9 范围内的数会被映射到 0，0.90 到 0.97 之间的数会被映射到 1，0.97 到 1 之间的数会被映射到 2。在 Excel 中可以使用函数“=RAND()”来产生 0 到 1 之间的随机数。如果你在某个单元格里输入了这个函数并得到了一个 0 到 1 之间的随机数，按“Ctrl + F9”组合键，该函数就会重新计算出另一个随机数。这样，我们就可以使用这些随机数和用来模拟转盘事件的累积概率逆分布。

比如，假设我们使用“=RAND()”函数后得到的随机数为 0.453，累积概率逆分布的结果就为 0。

另一种进行需求离散事件仿真的简单方法是使用经验分布。假设你每天都会对需求进行一次仿真，基于历史数据，你发现有 10% 的天数的销量等于 0，30% 的天数的销量为 1 个单位，40% 的天数的销量为 2 个单位，20% 的天数的销量为 3 个单位。最大日销量仅为 3，但是现有库存一直都很多。你可以用 Excel 创建如表 5-1 的表格。

表 5-1　需求的经验分布

需求量		
累积概率	日需	概率
0	0	0.1
0.1	1	0.3
0.4	2	0.4
0.8	3	0.2

表 5-1 的中间列是每天的需求量，最后一列是某天售出某数量产品的概率。我们也把表 5-1 第一列称作累积概率。严格来说，根据概率论，售出 0 个单位的概率为 0.1，但该列却显示为 0。这是 Excel 读取表格数据的方法所致，之后我们会讨论这个问题。实际上，累积概率列比你预期的整体下移了一个单元格。

在 Excel 中使用这个分布，借助随机数发生器产生的（0，1）范围内的随机数，我们就可以从累积概率列中找到某日售出某数量产品的概率。

我们可以使用“=RAND()”函数，在 Excel 中得到一个在（0，1）范围内的随机数。假设产生的随机数为 0.15，那么当天会售出 1 个单位的产品，因为 0.15 处于 0.1 ~ 0.4 的范围内，总概率为 0.3。如果产生的随机数为 0.05，那么当天能售出的单位产品为 0。

在你想要模拟需求量的单元格中，使用函数“=VLOOKUP（RAND(),表格范围，每日需求的列号，产生随机数的列号）”。假设累积概率为0的单元格为A5，使用函数“=VLOOKUP（RAND(),A5:C8,2,1）”，之后可以简单地通过将“=VLOOKUP（RAND(),$A$5:$C$8,2,1）”复制到任意多个单元格中来创建需求列。注意列前的“$”符号及公式使用的行号。“$”可以让你在复制公式到不同单元格时保持行/列号不变。表5–2是一个基于表5–1分布的、进行了离散事件仿真的例子。

表5-2　需求量

2
3
1
1
1
3
1
3
0
2
0
2
2
1

之后我们会讨论其他的需求分布，如泊松分布、截断正态分布及离散伽马分布。现在，我们简单讨论一下提前期的离散事件仿真。

你可以创建需求的经验分布，同样也可以创建提前期的经验分布。你只需要追踪每个订单的提前期时长，然后就可以建立一个类似于表5–3的表格。

表 5-3 提前期的经验分布

提前期		
累积概率	天数	概率
0	1	0.1
0.1	2	0.8
0.9	3	0.1

由表 5−3 可以得知，有 80% 的天数的提前期等于 2 天，20% 的天数的提前期大于或小于 2 天。利用表格模拟提前期的方法和表 5−2 中利用经验分布进行需求离散事件仿真的方法是一样的。表 5−4 是一个基于表 5−3 的、进行了提前期离散事件仿真的例子。

表 5-4 提前期

提前期
2
2
2
3
2
3
2
2
2
2
2

用 Excel 进行库存离散事件仿真

下面我们来看看如何在 Excel 中对库存系统进行离散事件仿真。仿真周期为 1 天，当库存水平小于等于 ROP 时，系统就会下单补货，订货量为 Q。本系统不允许延迟交货，任何时候的缺货都会导致销量流失。表 5−5 是我们在 Excel 中用来模拟库存补充系统的一个基本表格。

表 5-5 库存系统的离散事件仿真

天数	期初库存	到货	需求量	销量	期末库存	库存水平	所下订单	提前期	到货日	平均库存	(min I/C)SS	Max I/C
1	10	0	0	0	10	10	0			10		
2	10	0	5	5	5	5	0			7.5		
3	5	0	0	0	5	5	0			5		
4	5	0	2	2	3	3	1	2	7	4		
5	3	0	0	0	3	13	0			3		
6	3	0	0	0	3	13	0			3		
7	3	10	4	4	9	9	0			6		13
8	9	0	7	7	2	2	1	2	11	5.5	3	
9	2	0	3	2	0	10	0			1		
10	0	0	2	0	0	10	0			0		
11	0	10	2	2	8	8	0			4		10
12	8	0	4	4	4	4	1	2	15	6	0	
13	4	0	0	0	4	14	0			4		
14	4	0	4	4	0	10	0			2		

期初和期末库存

表 5–5 对补货系统进行了几周时间的离散事件仿真。第 2 列的期初库存就是前一天的期末库存。注意，第 6 列是期末库存。因为期初库存是前一天的期末库存，所以第 1 天需要为期初库存设定一个初始值。本例中，我们使用订货量作为初始值。第 3 列为到货，我们把其第 1 天的初始值设置为 0。该列使用的函数为“=COUNTIF（$J$8:J13,A14）*Q”。这个函数统计了“J8:J13”（到货日列）的数值等于天数列数值的单元格数。由于在到货日列中没有等于 6 的单元格，所以第 6 天的函数计算结果等于 0。由于到货日列中等于 7 的有一个单元格，所以第 7 天的函数计算结果就等于 1，然后用 1 乘以订货量 Q，由于订货量等于 10，所以到货量就为 10。第 4 列为需求量。我们已经讨论过如何使用基于经验分布创建的表格。此外，我们还可以使用泊松分布等理论分布建立一个类似于经验分布的表格，并使用类似的方法模拟需求。表 5–6 使用了平均值为 2 的泊松分布来模拟需求。泊松分布中的平均值等于方差。

表 5-6　泊松分布

需求量		
累积概率	日需	概率
0	0	0.14
0.1353	1	0.27
0.4060	2	0.27
0.6767	3	0.18
0.8571	4	0.09
0.9473	5	0.04
0.9834	6	0.01
0.9955	7	0
0.9989	8	0

需求的泊松分布

表 5-6 和上面的表 5-1 类似，所以可以使用和经验分布相同的方法对其进行离散事件仿真。表 5-6 的概率一列可以使用函数“=POISSON.DIST(日需，平均值，FALSE)”。函数的最后一个参数值为 FALSE，表示不是累积分布函数而是概率质量函数。如果希望使用截断[1]离散[2]正态分布，你并不需要再创建一个表格，只需要在表 5-5 的需求量一列插入下列函数即可。

=ROUND(MAX(NORMINV(RAND(), 平均值 , 标准差),0),0)

其中，MAX（*X*, 0）用来保证不会得到负值，ROUND（*X*, 0）用来保证获取的是整数。

需求的伽马分布

类似地，还可以使用伽马分布。伽马分布不像正态分布，不需要被截断，因为它的取值是从 0 开始的，而正态分布的取值范围从负无穷到正无穷。

之前已经说过，伽马分布需要两个参数 α 和 β 。可以在 Excel 中通过下列等式来使用伽马分布。

$$\alpha = \frac{\mu^2}{\sigma^2}$$

$$\beta = \frac{\sigma^2}{\mu}$$

在表 5-5 的需求量一列中可以使用函数。

1 你应该不会想让需求为负吧。

2 为整数。

=ROUND(GAMMAINV(RAND(),ALPHA,BETA),0)

需求量与销量

再回到表 5-5 的第 5 列，也就是销量一列。有时我们没有足够的库存来满足需求。从第 9 天的数据中可以发现，期初库存为 2，没有到货（见到货列），但是需求量为 3。所以销量（见销量列）等于期初库存 + 到货和需求量的最小值。销量列使用的函数如下。

=MIN(期初库存 + 到货，需求量)

第 6 列是期末库存，等于期初库存 + 到货 − 销量。第 7 列是库存水平，等于现有库存 + 订货量。在 Excel 里计算库存水平的时候，用前一时期的库存水平减去当前时期的销量，再加上前一时期的订货量。因此使用函数“IF（前一时期所下订单 = 1, Q, 0）”。如果前一时期下了单，函数的结果就为 Q，否则就为 0。这个结果和前一时期的库存相加，并和当前时期的销量相减，就能得到当前时期的库存水平。在一天的最后，利用这个表格进行审查，以确定是否应该下单。第 8 列为所下订单量。该列使用了一个“IF”语句，比较了库存水平和 ROP，如果库存水平低于 ROP，结果就为 1，意味着下单，如果为 0 就不下单。如果你希望让这个仿真的补货系统一周下一次订单，或者在特定时期不下单，就在所下订单列的对应单元格中输入 0。

提前期和订单

第 9 列是提前期，我们之前已经讨论过如何对提前期进行离散事件仿真。现在，如果你希望提前期是确定的，可以在那一列中输入固定天数的提前期。第 10 列是到货日，使用的函数是“=IF(提前期 ="","", 当前天数 +1+ 提前期)”。这个函数的意思是，如果提前期单元格为空（即 ""），那么就不会返回值，否则会返回当前天数加 1 再加上提前期的和。

关于提前期的建模方式，还需要注意一点：一天结束的时候下单。如果提前期是确定的一天，如果第 *n* 天结束的时候下了一次单，那么会在第 2 天开始的时候收到所订购货物。所以，即使这期间不会缺货，由于有一天的审查间隔，仍然会存在一个一天的保护期。所以，通过这样的设置，你可以追踪保护期的天数。基于之前讨论过的内容，设置的时候有一个需要注意的地方：如果将审查间隔设置为大于 1 天，在设置安全库存的时候必须要考虑到额外的保护间隔。

测量库存

第 11 列是平均库存，其数值通过将期初和期末的库存相加除以 2 得到。这一列被标记为（min I/C）SS，看起来可能有些难懂。括号里的“min I/C”表示每个补货间隔的最小库存，“SS”表示安全库存。根据第 2 章“库存管理基础”，这一列 I 计算的是回顾型的安全库存。Excel 中使用的函数如下。

=IF(当前时期的期初库存 > 上一时期的期初库存 ,

上一时期的期初库存，"")

由于这个系统是期初到货，所以补货间隔的最小现有库存等于期初库存。

表格的最后一列是 Max I/C，表示每个周期的最大库存。对于连续审查的（*Q*, ROP）补货流程，预计的 I/C 等于安全库存加上订货量。但是我们的系统并不是连续审查系统，而是一个定期审查、无流失销量（无延迟到货）的（Q, ROP）补货流程。

仿真时长

在设置离散事件仿真的时候，一个必须考虑的问题是：仿真时长应取多少？本例中，仿真时长为365天，但是在Excel中修改时长很容易。仿真运行的目标一般是达到“稳态”，也就是使变量的方差达到一个持续稳定的水平。你需要选一些变量进行分析，比如本例中你可以使用平均库存。仿真运行有一个“预热”期。有一些可以用来确定仿真时长的统计方法。稳态和预热期的定义如图5-1所示。

图5-1的竖轴代表每天的平均库存，横轴代表时间，以天计。可以看到，经过大约50天的预热期以后，系统达到了稳态。因此，如果在计算年平均库存等指标时使用了前50天的数据，指标就会偏高。所以应该在预热期结束后再开始计算指标。本例中，预热期的长度受到期初库存的影响。

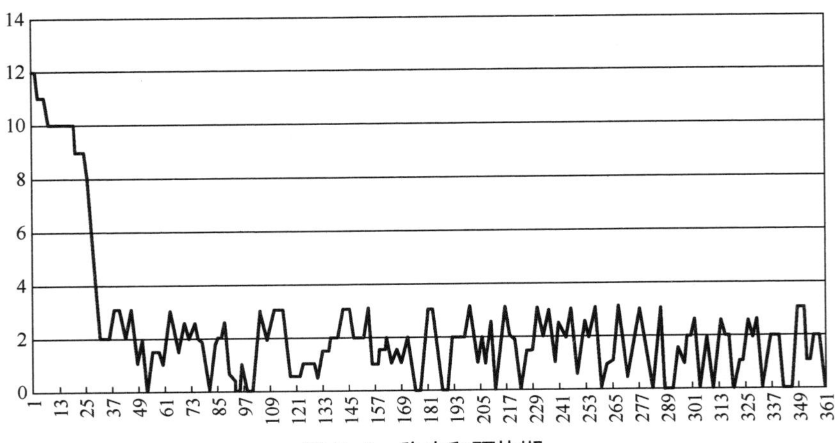

图5-1　稳态和预热期

重复运行次数

在设置仿真的时候需要考虑的另一个问题是：应该重复运行多少次？在 Excel 中，使用表格功能就可以重复多次进行离散事件仿真。在这之前，你需要确定想要计算的绩效指标，如供应比率、库存充足天数的百分比、平均库存、回顾型安全库存等。要计算供应比率就要对销量列求和再用其除以需求列之和。要计算库存充足天数的百分比，可以使用函数“COUNTIF”来计算期末库存为正值的天数，然后除以 365（因为仿真时长就是 365 天）。在 Excel 中使用表格功能时，这些就是重复运行时你要收集的数据。我们的例子中重复进行了 500 次仿真，使用泊松分布，需求为每天 2 个单位、提前期为确定的 2 天、ROP 为 8、订货量为 10。对超过 500 次仿真运行的结果取平均值，得出的供应比率等于 0.97、库存充足天数的百分比为 94%、平均库存等于 7、回顾型的安全库存等于 2。如果将泊松分布的需求增加为每天 4 个单位，供应比率就会降为 0.75，库存充足天数百分比将降为 62%，平均库存将降为 3，回顾型的安全库存则几乎等于 0。现在如果将 Q 从 10 增加到 20，供应比率将会升到 0.86，库存充足天数百分比将升到 78%，平均库存将升到 7.5，而回顾型的安全库存仍然几乎为 0。假设提前期从 2 天变成了 3 天，供应比率就会降为 0.74，库存充足天数百分比将降为 67%，平均库存将降为 6.4，而回顾型的安全库存甚至更接近于 0。列举上述结果是为了使读者了解运行仿真时所需注意的一些问题。

执行误差

现在我们假设某家零售店使用和之前一样的补货流程。货物到店之后就被放到销售区的货架上。如果货架放不下就放到后仓。假设你想知道这种情况发生的频率，简单将几列数据相加就可以得到这个数据。比如你可以使用函数“=IF（期初库存 + 到货 > 货架容量 ,1,0）”。你也可以计算一个新指标——补货超出货架容量的频率。还可以再为表格增加一列——计算平均及最大有多少单位的库存无法放到货架上。在我们的例子中，假设需求呈泊松分布，日需求为 2 个单位，提前期为确定的 2 天，ROP 为 8，订货量为 10，货架容量为 15。重复运行 500 次仿真所得到的供应比率为 0.97，库存充足天数的百分比为 94%，平均库存为 7，回顾型的安全库存为 2，而补货超出货架容量的发生频率仅为 1%。假设公司政策规定，必须有 99% 的天数内的库存是充足的，所以 ROP 就被提高到了 12。对超过 500 次仿真运行的结果取平均值的结果为——供应比率等于 0.99，库存充足天数百分比为 99%，平均库存等于 7，回顾型的安全库存等于 2，补货超出货架容量的发生频率为 22%。

这揭示了很重要的一点：离散事件仿真可能会忽略重要的成本，或者在指标改变的时候忽略可能出现的问题。让我们回到之前的例子，ROP 从 8 提高为 12，库存充足天数的百分比也从 94% 增至 99%。这种方法是有效的，但是它会将补货超出货架容量的频率从 1% 增至 22%。很显然，这就会产生额外的人力成本，因为零售店店员需要走到货架又走到后仓。只要我们知道，每次补货放不上货架所产生的额外的人力成本[1]是多少，这就是个容易计算的成本指标。但是仍然会有其他问题，比如产品被放置到后仓的频率更高了，而后仓的产品很难找到，也容易受损、丢失。

1　这可以通过研究工业工程来得到，具体是通过研究工业工程中的时间运动得到。

所以，货架的供应比率可能会因此降低。这也能成为分析中的一个指标，但是需要研究一下后仓库存水平和货架供应比率之间的关系。

继续讨论这个例子，假设需求增加到了每天 4 个单位，库存充足天数的百分比降为 87%，货架无法容纳补货的频率降为 8%。现在假设提前期可以减少为 1 天。库存充足天数的百分比随之降为 94%，货架无法容纳补货的频率升高到 17%。你可能会对这个结果感到惊讶，但其原因在于，缩短提前期能够显著增加安全库存。

调整模型

本章建立的离散事件仿真模型将 ROP 和订货量作为输入数据。你很容易就可以建立一个关于 ROP 和预测值的函数关系。你可以在离散事件仿真的表格中增加名为“下一时期预测值”或“DDLT 预测值”的一列。可以使用本书介绍的或其他方法进行预测，然后创建名为“误差”的一列，以计算预测误差，即实际销量和前一时期或提前期预测需求的差值。第 3 列为“绝对误差”，可以使用公式（“=ABS（误差）”）对误差取绝对值。你需要“误差”列来计算预测误差的标准差，用于 ROP 的计算。其中，误差的标准差可以用来衡量不确定程度[1]。提前期的预测值也是计算 ROP 时需要输入的数据，因此，你还需要“ROP”列。在之前的离散事件仿真中，整个仿真周期内的 ROP 都是常量，所以不需要一列，而只需要一个单元格来放置 ROP。但这个模型的 ROP 并不是一个常量，可以将其设置为每个时期、每周或每隔特定时间就更新一次。其实你可以

1　第 1 章“库存控制”已经讨论了这个计算式的细节。

使用离散事件仿真来为 ROP 的更新制定一个合适的策略，也可以用它对不同的预测方法和参数进行测试。“绝对误差”列可以用来计算 MAD 及 MAPE。

另外还可以使用这个模型来测试不同的补货策略。我们在这次仿真中没有使用订货点量，但是要使用也很简单：OUL 可以代替 ROP，或者两个一起使用。你可以保持订货量 Q 不变，或者取 Q 的倍数来将库存水平提升到 OUL 的水平；或者订货量可以不等于 Q，只要使库存水平等于 OUL 这一条件即可。这可以用来验证在配送中心拆包的好处。拆包指的是让配送中心将散装而不是装箱产品配送到补货节点。你可以计算前者相对后者节省了多少成本，然后将其与配送中心额外的人力成本相比较，看看是否节省了成本。如果配送中心面向的是一条零售供应链，可以将其中一家店作为样本进行离散事件仿真，然后用节省的成本乘以店铺数量。或者可以根据销量对店铺分类，对每一类店铺进行离散事件仿真，然后将所有类别的结果相加。除了通过销量，还可以通过不确定性、提前期、审查间隔等其他指标来分类。你甚至还可以对每个店铺都进行仿真。比较好的做法是选择一家有代表性的店，计算其节省的成本，看超过或抵消配送中心额外的人力成本的概率如何。如果概率几乎为 0，那么就不要浪费时间再重复运行仿真了，因为这并没有意义。如果概率较大就可以展开进一步的分析。而在需要进行成本效益分析的情况下，还需要进行更深入的分析。

校准模型

对仿真模型进行校准很有必要。如果要进行校准，你需要尽可能细致地为现有流程建模，然后运行并记录模型的绩效指标。当与库存流程的实际绩效指标相差太大时，就需要对模型进行大规模检查，首先要检查的是电子表格的内部运行机制。你需要确保没有计算错误，因为我们很容易犯计算错误。Excel 提供的用来检查计算错误的有用工具包括“追踪引用单元格”和“追踪从属单元格”。选择单元格，单击“追踪从属单元格”，就会显示从引用了该单元格值来计算的单元格中出发的箭头。如果单击“追踪引用单元格”，则会显示从本单元格计算时引用的单元格出发的箭头。虽然重复这样做比较烦琐，但这是值得的，它能避免分析错误从而避免决策错误。对于部分表格，你只需要检查第 1 个输入了公式的单元格，因为其他单元格的公式都是由它复制而来的。你还需要检查仿真运行时的指标计算错误。

如果偏差并不是计算错误导致的，那么就需要检查有关本章开头的那些问题的流程文档。比如仿真模型是否没有考虑促销等刺激需求的事件，是否存在没有发现的执行误差。模型和现实情况不相同是很常见的情况，你还可以借此找出被忽略的执行误差。

本章讨论的指标不包括成本指标，但通常是应该考虑成本指标的，如库存持有成本、人力成本、运输成本等。此外，使用常见的如库存周转率、库存可供天数等指标也有利于分析。必须要清楚地知道哪些指标在分析研究刚开始的时候是最重要的，这在本章开头已经讨论过了。

在 Excel 中建立起简单的离散事件仿真模型以后，你可能会想建立表述得更清楚的模型。这时你可以使用 Arena[1],[1] 等工具，或者与一位离散事件仿真专业人员共事。

---

1 Arena 和其他离散事件仿真工具也可以用来为库存以外的其他流程进行建模，如材料处理、计划、路由、排队等流程。

原型能够帮你更好地解释模型对应的补货流程的特定细节。本章内容可以让你更高效地和别人探讨流程的设计、工作程序及建模方法中那些琐碎而重要的细节。此外，任何人都可以用离散事件仿真为某一流程建立模型，建模的过程能够增进你对流程本身的认识。

参考文献

[1] Rossetti, Manuel D. Discrete Event Simulation Modeling and Arena.New York:Wiley Publishing, 2009.

06

其他库存管理流程和概念

多项库存管理

在第3章，我们学习了单项库存模型。先从单项开始学起，这很重要，因为如果不理解单项的相关问题，就很难理解多项库存模型。下面我们来了解一下理解多项库存管理相关决策的理由。

假设配送中心从一个供应商那里订购了50个库存单位，每个库存单位都使用连续审查的（Q, ROP）补货流程。因此，每次当某库存单位到达ROP，配送中心就会下单补货，由包裹承运人进行运输。如果该库存单位价格很高，库存持有成本因子也很大，本流程对其而言可能是最佳的选择，因为它将所有库存单位的库存保持在一个最低水平。但是，如果库存单位的价格并不高，持有成本因子也不大，那么使用此流程的运输成本可能会过高。所以与其使用（Q, ROP）补货流程，配送中心不如对所有库存单位都使用（T, OUL）流程。由于所有库存单位的T都相同，这样一来还可以同时下单，降低运输成本。假设T为一周，并且公司政策规定每周订货量为两整车。由于每周订购一次、每次两车货物和每周订购两次、每次一车货物的年运输成本相同，那么将T设为3天是比较合理的（假设配送中心一周运营6天），这样可以将所有库存单位的周期库存减少一半，而不会增加年运输成本。但是50个库存单位中，有的存在最小订货量，配送中心在3天内的销量还不足以达到最小订货量水平。所以，或许有的库存单位应该每周补货，有的则应该隔周补货，等等。我们可以让不同库存单位使用不同的（Q, ROP）补货流程，但当某个库存单位达到了 ROP，我们可以将下单时间推迟到其能够和其他库存单位的订货量一起凑成整车。但这样会增加提前期的不确定性，而在设置 ROP 时是需要考虑这个因素的。我们也可以使用这样一种方式：每隔周期 T 就对所有达到了 ROP 的库存单位进行补货。现在，假设总订货量不够一整车。这时我们可以允许运输工具的利用率很低。但是，假设最优方案是使用 TL，那么我们可以增加补货[1]。在这之前，我们需要确定要订购哪些库存单位。比如我们可以设定这样一种规则：对所有达到 ROP 的库存单位进行补货，但是如果订货量装不满整车，那就对库存可供天数最短的库存单位进行补货。反复进行这个流程，直到总订货量能够装满一整车为止。我们也可以计算每个库存单位在补货间隔的预计缺货单位数。还记得第 3 章的损失积分吗？

$$U\left(\mathrm{ROP}\right)=\int_{x=ROP}^{\infty}\left(x-\mathrm{ROP}\right)f\left(x\right)\mathrm{d}x$$

我们可以将上面的式子修改为下面的式子。

$$U\left(I\right)=\int_{x=1}^{\infty}\left(x-I\right)g\left(x\right)\mathrm{d}x$$

其中，I 是当前的现有库存，$g(x)$ 是从当前时间到下一次审查期间的需求概率密度函数。$U(I)$ 是下一次审查时的预计缺货单位数，选择 $U(I)$ 值最大的库存单位进行补货，然后选择次高的库存单位，依次类推，直到订货量装满整车为止。你可以想一下别的探索方法，对自己能够想到的所有基于探索法的方法进行仿真，从而评估其绩效。你能在文献中找到许多类似的方法[1]。

1　这会增加安全库存。

不管如何协调下单，能够用于采购的资金都是固定的。我们在第 3 章中讨论的模型忽略了一个事实，那就是资金是有限的。比如，如果一家公司对所有的库存单位都使用（*T*, OUL）补货流程，订货量价值 50,000 美元，而公司用于采购的资金只有 20,000 美元，因此公司并不能够正常执行该补货流程。这时，也许可以把所有库存单位的订货量以同样的比例减少，让其价值缩减到 20,000 美元；或者可以将单价较高的那些库存单位的补货推迟；又或者，公司可以只订购库存可供天数最短的库存单位，直到订货量价值达到 20,000 美元；还可以使用和之前用过的流程类似的其他流程，但是我们的目标不在于装满整车，而在于控制预算。除了控制预算，还需要控制货物所占物理空间的大小。可能配送中心只能放下一整车的货物。这时可能就要考虑启用另一个配送中心或对现有的配送中心扩容；还可以让订购量小于补货流程推荐的订货量。有太多可用方法了，基于这一点，进行离散事件仿真是一个必要的环节。

可能存在的条件限制包括：订货量需要装满运输单位，订货量不能超过物理设施的容量，不能超过采购预算和库存投资。此外，还存在许多与供应周期、服务水平和成本有关的限制规则。需要使用最优方法来满足这些规则，利用离散事件仿真来验证规则。

在文献中可以找到大量多项库存管理的内容。多项库存管理经常被称为协调式的库存管理。不幸的是，文献中提到的许多假设都是不现实的，因此难以将其投入实际应用。离散事件仿真是辅助进行这类决策的有效工具。

多级库存管理

“级”指的是供应链中的当前层次及以下所有层次。比如，由多个配送中心提供服务的多个店铺就是一个二级库存系统。多级库存管理可能比单级库存管理更好[1]，但是也更难建模。

假设有 100 家店铺，一个配送中心。对一个给定的库存单位，每个店铺和配送中心可以都使用连续审查的（Q, ROP）补货流程，其流程各不相同。即配送中心可以在给定订货量和 ROP 的情况下接收店铺的订单，满足其需求。如果配送中心和店铺属于同一家零售商，那么比起只将所接收订单作为需求信号，更合理的做法是，配送中心也同样关注每家店铺的需求情况。假设所有店铺的需求在最开始时上升迅速，可能店铺隔一段时间就会下单，配送中心就有可能缺货。如果配送中心监控店铺级别的 POS，就能够尽早补充大量库存以满足店铺的需求。由于比起 POS 数据，店铺的订单数据干扰项更多，如果配送中心没有考虑到需求的不确定性及 POS 数据，就会持有过多的安全库存。

除了实际的 POS 数据，配送中心还应该考虑自身持有多少库存，整个配送中心级持有多少库存。配送中心级的库存水平等于配送中心持有的库存 + 已订购库存 + 店铺在途库存 + 持有库存 − 延迟到货。

如果店铺级的库存远多于需求，即使配送中心的库存水平相对较低，或许也不应该下单。上述内容的核心在于，店铺和配送中心的库存可以实行集中式管理，两者构成一个二级库存系统。有时集中式管理更好，

1　尤其是从数学运算的角度来讲。

有时分散式管理更好。除了供需特性和补货流程的结构，究竟哪种管理方式更好，还有很多影响因素。我们来看这样一个例子，一个配送中心为多家店铺供货，店铺和配送中心都属于同一家零售商。通过数学运算得出，最好的做法是用集中的方式管理补货的时机和订货量。比如，假设总共有 100 家店铺，其中 30 家店铺及配送中心都缺某种库存单位。除了这 30 家缺货的店铺，另外还有 1 家店铺也会向配送中心订购这种库存单位。然而，第 31 家店还有大量该库存单位，其下单的原因是库存水平达到了 ROP。现在，配送中心收到了一批货物，能够供应给前 30 家店铺，但是这些店铺的补货所支持的库存可供天数小于第 31 家店现有库存所支持的库存可供天数。如果采用集中式管理，所有的库存可能都会配送给这 30 家店铺；而如果是分散式管理，则可能会平均分配给所有下了订单的店铺。本例中，集中式库存管理的好处显而易见。但如果考虑到公司文化、竞争、管理方面，就不再如此了。

为了让读者明白是什么意思，下面我们来举一个例子。假设一个零售商使用的是分散式补货流程，每家店和配送中心都使用自己的自动化补货系统。换句话说，配送中心的补货系统将店铺的订单看作需求，并且用订单来为补货系统预测需求。店铺则使用销售数据预测需求，当库存水平达到 ROP，并且可以向配送中心下单时，就自动下单。部门经理的决策优先于补货系统的决策。如果部门经理认为预测值太低或太高，他 / 她可以对其进行调整；如果其认为服务水平设置错误，也可以改变设置。部门经理可以改变补货系统中的任何设置，也可以强制下单和取消订单。

本例中，所有店铺都由同一个配送中心提供服务，各店铺的部门经理之间会出现竞争。那 30 家店的部门经理为了绩效指标会彼此竞争，但是第 31 家店铺的部门经理也会参与竞争。实际上，所有的部门经理每月都会召开一次会议，审查每家店铺的缺货状况、库存周转率、平均利润等。每个月绩效前 10% 的部门经理会得到奖金，第 1 名的经理会得大奖，他们乐在其中。实际上过去这些年，彼此竞争的部门经理们之所以在这家公司任职，是因为他们知道自己能够赚很多钱，如果业绩好还能够晋升。而不喜欢竞争的部门经理则倾向于跳槽。这些经理十分期待月会的日子。即使是进不了前 10% 的人也期待着这天，因为可以知道别人哪方面做得好，这样就可能提高自己在未来赢过他们的可能性。这些部门经理喜欢奖金，同样也喜欢这种竞争的氛围。

现在，假设这些经理被告知公司准备转换为集中式库存管理，并且该系统的决策优先于他们的决策。他们所喜爱的竞争即将不复存在，他们不用再关注预测这件事；甚至如果他们认为有什么问题需要改进，他们也无法再做些什么。对于本例来说，集中式库存决策的成本明显很高。如果集中式系统的效果比分散化系统好很多，这样做可能也是值得的，但也有可能是不值的。如果改变补货流程会对公司文化产生潜在影响，那么就必须要小心。咨询师很容易认为去集中式的管理是过时的，大多数情况下是因为公司不存在上面描述的那种竞争局面。如果一家公司的人员流动大，并且没有这种竞争文化，那么很容易就可以转向集中式系统。但是如果公司竞争激烈，库存对于公司的影响甚小，那么继续使用分散化系统会是更好的选择。在决策流程中应该仔细考虑很容易被忽略的这一点。

还需要考虑的另一个重点是，许多对多级补货流程的分析模型所做出的假设都脱离现实，这会降低模型本身的准确度和效率。很多系统假设运输路线是树状的，也就是说店铺之间不存在转运。转运指的是将一家店的库存运往另一家，许多库存模型进行的数学假设都排除了这种情况。还有一些脱离现实的假设通常是为了简化问题的数学运算。

我们接下来要讨论一种 Zipkin[2] 系统提出的集中式探索法，据说该方法的效果很好。这个探索法对于之前描述的场景是适用的，即一个配送中心使用集中式库存管理系统为多个店铺供货。在我们所讨论的探索法中，发送给一批店铺的库存和分配给每个店的库存是有区别的。换句话说，需要先确定发多少货给一批店铺，再确定分别发多少货给每个店铺。这个探索法假设店铺使用基本库存水平。基本库存水平和定期审查系统类似——每次审查完毕，库存水平都会被提升为 OUL。它还假设每家店的延迟到货订单都已完成，没有流失销量。即如果店铺缺货了，顾客就会等待，直到店铺补货；顾客不会转向其他品牌、尺寸或去其他店铺购买[1]。所以，每家店铺设置的 OUL 会使预计延迟到货成本和库存持有成本相等。配送中心确定 OUL 的最优值后，会将订单看作需求，然后向其供应商下单订货。配送中心将所有店铺看作一个实体来设置最优 OUL，并基于这个 OUL 值计算需求量，再基于各个店铺的 OUL 来分配货物。还有很多其他的探索法，要留心注意所做的假设，一定要通过离散事件仿真对其进行验证。

下面我们来看一个例子。一家店铺每周向零售商的一个配送中心下单补货。每周三配送中心会安排来一辆卡车。这辆卡车的利用率通常为 30% ~ 60%，并且从未超过 65%。每周店铺都会订购某种纸巾，让其库存水平重新回到 OUL。如果当周该纸巾的销量为 0，那么配送中心就不会

1 延迟交货是关于库存的数学模型中另一个典型的假设。

送货，因为纸巾的库存水平还保持在OUL。如果是这样，公司并不能省钱，但也不会赚钱。原因在于，配送中心有足够的人力来处理不确定的订货量，店铺也有足够的人力来接收和安置货物。零售商会奖励服务水平高的店铺，因此各店铺的人员充足。当卡车在周三早上从配送中心出发时，店铺的顾客很少，因为大部分人都在周末购物，周三店铺的顾客最少，早上又是周三顾客最少的一个时间段。零售商的政策规定，每天的店员数量都必须保持不变。

这种纸巾并没有固定订购成本。在第3章，我们假设每次下单都会产生固定的订购成本，包括增量运输成本（本例无，因为卡车无论如何都会到店）、增量人力成本（本例无，因为补货系统会自动下单，而无论下单与否，配送中心和店铺的员工都是在岗的）、发票匹配错误产生的增量成本（本例无，因为是从内部供应商而不是从外部供应商那里订货）。可能有增量订货相关成本吗？可能，但是少到可以忽略，对本例不会产生实质性影响。这个例子中存在一个最佳政策结构，就是每次下单的补货量都会让库存水平提高到OUL。EOQ模型在这里并不适用，因为本例没有固定订购成本，而EOQ是通过让固定订购成本和库存持有成本平衡得到的。

所以，由于本例的审查间隔固定、无固定订购成本，最佳补货流程就是每次下单补货都让库存水平达到OUL。但最优OUL是多少呢？答案是，取决于最佳服务水平。最佳服务水平可以用单位缺货成本率、缺货总成本和单位库存持有成本之和来估算。我们已经把 m 定义为单位缺货成本，h 为库存持有成本因子，但是之前的 h 是按年计算的，而现在的 h 为补货间隔末产生的库存持有成本。所以最佳服务水平可通过下式计算。

$$SL^{*}=F\left(\mathrm{OUL}^{*}\right)=\frac{m}{m+hc}$$

其中，F 为保护期需求的累积分布函数。如果 OUL* 不是整数就向上取整。不管使用的是连续还是离散概率分布，这个方法都适用。

报童模型

乔（Joe）在 10 号街和格兰德街的交界处卖报纸。每份报纸的买入价为 1.5 美元，售价为 4 美元。如果他买得不够多，就会流失销量，从而流失 4 美元 －1.5 美元 =2.5 美元的利润，用 ***m*** 来表示。而如果买得过多，一天结束的时候报纸会变得皱巴巴的，第 2 天就卖不出去了。

这样他就会损失 1.5 美元，用 *v* 表示。所以最佳服务水平如下。

$$SL^{*}=F\left(\mathrm{OUL}^{*}\right)=\frac{m}{m+v}=\frac{\$2.5}{\$2.5+\$1.5}=0.625$$

图 6−1 的横轴表示的是报童所卖报纸的市价，竖轴是最佳服务水平。可以看到，穿过竖轴上 0.5 处的线对应着横轴上数值为 3 的位置，因为在该位置报童购买报纸过量和购买不足的成本是相等的。应注意，随着市价增加，最佳服务水平的边际效益会减小。实际上，本例的最佳服务水平在报纸市价达到 15 美元之前都没有超过 0.9。当每份报纸的市价达到 15 美元，利润为 13.5 美元，购买过量的成本仍然为每份 1.5 美元。甚至当市价达到 100 美元，最佳服务水平也只达到了 0.985。

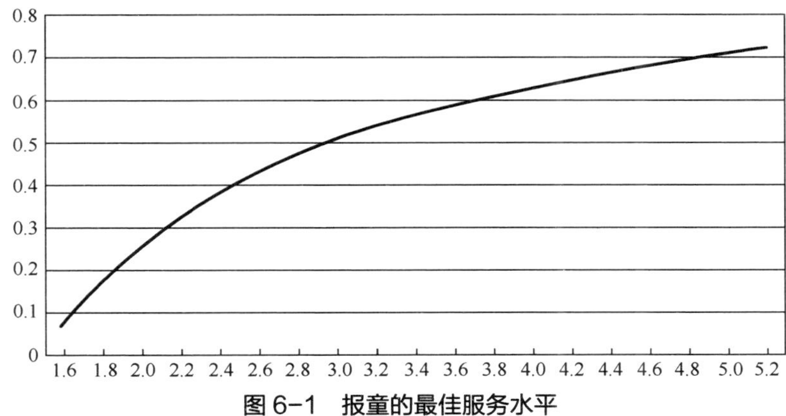

图 6-1　报童的最佳服务水平

OUL* 取决于需求的分布。本例假设需求满足一个平均值为 50、标准差为 10 的正态分布。OUL* 可以通过其逆分布得到。其函数表达式如下。

= NORMINV (0.625,50,10) ≈ 53

所以，最佳方案是订购 53 份报纸。

对于本例，图 6-2 展示了不同成本 v 所对应的不同级别的订货量。

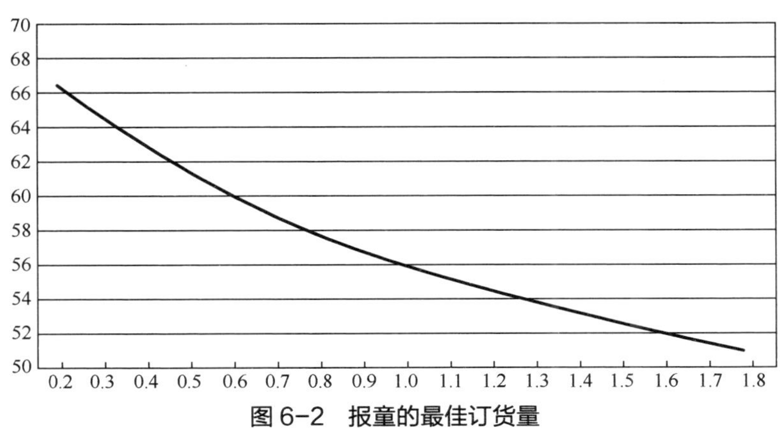

图 6-2　报童的最佳订货量

在图 6-2 中，横轴表示的是每份报纸的成本 v，竖轴是最佳订货量 OUL*。当成本为每份 2 美元时，购买报纸过量和过少的成本是相等的，所以 OUL* 等于 50 个单位，即需求分布的平均值。由于 0.1 ~ 0.4 对应的成本极低，你可以看到曲线明显是非线性的，多售出一份报纸的利润变得相对较高，因此购入更多的报纸是值得的。除了正态分布，你也可以使用离散经验分布。随之而来的一个问题就是，如果你很早就把报纸卖完了，就不会知道当天的需求到底是多少；只有在报纸充足的情况下才会知道。当然，对于正态分布来说也是这样，因为样本平均值和标准差不会包含那些没有被满足的需求。

删失分布

假设乔每天总是买入 53 份报纸，平均能卖出 50 份，但是有 45% 的时间他能够把报纸全部卖完。需求分布的实际平均值可能大于 50，因为我们从来没能观测到超过 53 份的报纸销量，这叫作删失分布 [1]（Censored Distribution）。假设需求呈现正态分布，如果有报纸的平均销量、全部售出的天数百分比、每日最大供应量这些信息，你就有可能估计出分布的平均值和标准差。

在这之前我们需要解两个等式。

$$\overline{X}=Q\left[1-F_s\left(z\right)\right]+\left[\mu+\sigma\frac{-f_s\left(z\right)}{F_s\left(z\right)}\right]F_s\left(z\right)$$

$$z=\frac{Q-\mu}{\sigma}$$

$\overline{X}$ = 平均销量

1 Greene, William H. Econometric Analysis, 5th ed. Pearson Education India,2003. 有对删失分布的详细讨论。

Q = 报纸每日供应量

$F_s(z)$ = 均值以上 z 个标准差处的累积标准差分布

$f_s(z)$ = 均值以上 z 个标准差处的标准正态分布密度函数

μ= 未经删失的需求分布的均值

σ = 未经删失的需求分布的标准差

由于在本例中，45% 的天数里，报纸可以卖完，这意味着 1−45% 也就是 55% 的天数，报纸还有剩余。因此，$F_s(z)$ = 0.55。现在，我们可以通过在 0.55 处对标准正态分布累积分布函数求逆，找到 z 的值。$z = F_s^{-1}(0.55)^{-1}$ =0.125。所以，本例数据如下。

$$\overline{X} = 50 \text{ 份 / 日}$$

$$Q = 53 \text{ 份 / 日}$$

$$F_s(z) = 0.55$$

$$f_s(z) = 0.396$$

为了在 Excel 中计算标准正态分布的概率密度函数 $f_s(z)$，使用 “NORMINV（z, 0, 1, FALSE）” 函数。第 4 个参数 FALSE 表明我们想要的是密度函数而不是累积分布的值。

将这个函数代入之前的等式中，得到以下值。

$$50=53 \times (1 - 0.55) + \left[\mu + \frac{(-0.396)}{0.55}\right] \times 0.55$$

$$0.125=\frac{53 - \mu}{\sigma}$$

所以我们有两个函数、两个未知量，因此可以解出未经删失的需求的正态分布的均值和标准差。求解等式之后，得到 μ = 52, σ= 6。回顾一下，之前我们算出了最佳服务水平为 0.625，则最佳 OUL* 如下。

$$=\text{NORMINV}\ (0.625,52,6)\approx 54$$

报童每天购入 53 份报纸，但是他应该购入 54 份。这两者是有差别的。现在假设有 75% 的天数他能够把报纸卖光，其他条件不变，这时的 OUL^*=73，和之前的 53 差了很多。这说明报纸全部售出的天数百分比这个指标的灵敏度较高。本例中，未经删失的需求正态分布的均值等于 67 份 / 日。

其他场景也能使用这种未经删失的正态分布进行分析。我们来看看另一个例子。假设乔有一个售卖机，每周补货一次，他想对售卖机中的某种糖果进行分析。49% 的天数该糖果能被卖完，也就是说 1−49% = 51% 的天数都没有卖完。因此，$F_s(z)$ = 0.51。现在，我们可以通过在 0.51 处对标准正态分布取逆，得到 $z=F_s(z)^{-1}$ = 0.51。假设售卖机平均每天卖出 20 块糖果，每个槽中放 25 块糖果，这个售卖机只有 1 个槽。所以本例数据如下。

$$X = 20\ \text{块糖果 / 周}$$

$$Q = 25\ \text{块糖果 / 周}$$

$$F_s(z) = 0.51$$

$$f_s(z) = 0.399$$

用这两个等式解出两个未知量，得到 μ = 25，σ = 12。假设售卖机所在建筑要求库存充足率不小于 0.98，那么“NORMINV（0.98,25,12）”的结果就为 50。这意味着，为了满足库存充足率的要求，售卖机里需要有两个槽来放置这种糖果。满足库存充足率的要求后，可能会导致售卖机里的商品品类减少。在做决策之前，最好先确定未经删失的需求分布的均值和标准差。

在很多情况下，报童模型对于时尚配饰的需求分析也很有用。因为对于某种配饰，百货公司或精品店通常只会购买一次而不会再补货。买家或批发商设计服装，比如一件新款女士连衣裙，然后决定购入多少。在这种情况下使用报童模型的优势并不是很明显，因为没有历史数据，所以问题就是：如何确定需求的均值和标准差？业内常用的一个方法[3]是通过咨询一些相关专业人员，如买家、销售人员等来预测需求水平。用他们所预测的需求平均值和标准差来估算需求不确定度，然后就可以使用报童模型了。

ABC 库存分类法

为了进行库存管理而对库存单位进行分类的方法通常被称为 ABC 库存分类法。ABC 分类法基于 80/20 准则，即 80% 的收入来自 20% 的产品，或者 80% 的利润来自 20% 的库存单位，又或者 80% 的库存来自 20% 的库存项。无论哪种说法，在实际中都是靠不住或不准确的。对库存分类是为了对其应用不同的处理方式。一些库存需要被细致地管理，因此要使用连续审查系统；一些不那么重要的库存不需要被如此细致地管理，因此可以使用定期审查系统。时至今日，这种推论已经过时了；但这种分类法仍然还流行，不过其使用目的发生了改变：比如应该给不同种类的库存单位设置不同的服务水平或供应比率。简单来说，我们不应该为所有库存都设置相同的服务水平或供应比率，因为其缺货成本不同，但这又引出了一个问题：为什么只分 3 种类别呢？为什么不干脆为每种库存单位都单独设置最佳服务水平呢？原因可能是，在 ABC 分类法产生的时代，没有计算机，或者内存价格昂贵，又或者处理器速度慢。另一个使用 ABC 分类法的目的在于确定需要在哪些库存上花费较多精力，管理其提前期，保证其到货准时。也有人用这个分类法来决定哪个环节需要优化流程。比如，假设多个库存单位的供应链的多个环节存在执行误差，问题就变成了需要先关注哪些库存单位的执行误差。ABC 分类法能够帮助你回答这个问题：应该先关注 A 类库存，因为它们是很多问题的源头，解决这类库存的问题所带来的好处最多，等等。

物资需求计划

到目前为止，本书关注的都是需求独立的产品，即需求直接来自使用者、购物者或消费者的产品。也存在这样一类产品，对这类产品的需求源于用其所制造的最终产品的需求。比如，如果一家工厂生产椅子，那么就需要椅子扶手，对椅子扶手的需求源于对椅子的需求。MRP[4]（material requirements planning，物资需求计划）用于管理具有衍生需求的库存单位的需求和库存。MRP 的 3 个关键组成包括主生产计划（Master Production Schedule，MPS）、库存状态文件（Inventory Status File，ISF）及物料清单（Bill of Materials，BOM）。MPS 是一个分时段的计划表，规定了某种最终产品完成生产以供销售或发货的时间；ISF 是一个记录了部件、提前期、订货量、供应商、现有库存或已订购库存等内容的清单；BOM 记录了生产 MPS 中的最终产品所需的物料。比如，你可以通过 BOM 知道，生产 1 把椅子需要 2 个扶手，而要生产一个扶手又需要 6 颗螺丝，等等。由这 3 部分组成的 MRP 指导 MPS 中最终产品的零部件、组件的生产和订购。

MPS 是分时间段的，即计划中会划分时间间隔，如一周。如果 MPS 规定必须在第 4 周生产 100 张椅子，那么就要检查 ISF，看第 4 周是否有现有库存可用。如果显示没有，那就必须生产。通过 BOM 可以知道每张椅子需要 2 个扶手，所以在第 4 周时，可用的扶手数必须等于椅子数的 2 倍，即总共需要 200 个扶手。由于每个扶手要用 6 个螺丝，总共就需要 6×200 = 1,200 个螺丝。上面这个过程叫作 BOM 的展开。此外，如果 200 个扶手需要提前一周备好，螺丝就需要提前 2 周备好，那么 MRP 就需要包含螺丝的订购计划。制定计划时会考虑到所有的现有库存。本例中，如果计算结果显示现有库存已经有 400 个螺丝了，那么 MRP 会规定只需要订购 1,200 – 400 = 800 个螺丝，但是实际订货量会根据 ISF 中的提前期来定。

MRP 中有很多不同的批量计划方法，包括逐批对应订货（Lot-for-lot，L4L）、固定批量订货（Fixed Order Quantity，FOQ）、定期批量订货（Periodic Order Quantity，POQ）等。L4L 规定订货量等于需求量，因此会让人联想到 JIT。FOQ 规定每次的订货量都是固定的，而 POQ 规定可以每隔一段时间订一次货且订货量偏大。L4L 将库存最小化，但是会将订货相关的固定成本最大化。使用 FOQ 和 POQ 可以平衡各项成本，最小化总成本。但是当需求不均衡时，使用这两种方法会很难实现总成本最小化的目标，所以需要使用部件 – 期数平衡法（Part Period Balancing，PPB），累加时间段，使得库存成本和订购成本平衡。

如果 MPS 发生改变，每个零部件、组件的 MRP 都会产生连锁变化。这些变化可能会影响之前的 MPS 规定所需的订单或人力。因此，一些

MPS 会有时界（time fence）。时界指的是 MPS 不能发生改变的一段时间，也被称为冷冻期（frozen schedule）。在执行 MPS 时，部分需求基于预测，部分需求基于确认订单。确认订单指的是之前就收到的客户订单。另一个使用 MRP 时必须解决的问题是时间范围——你希望为未来的多长时间做计划？时间越长，计划越不确定。

MRP 可以提高所有的结构式规划的确定度和稳定度。要取得这个效果，还有一个做法是使用（Q, ROP）、（T, OUL）流程或混合流程。但是当可以利用对最终产品的需求来进行反向计划的时候，为什么还要使用上述方法呢？如果最终产品的需求是确定的，比如与客户签订了合约协议，那么很显然，使用传统的独立需求库存管理流程会更好。但是要记住，不是所有的计划都是确定的，可能在有些情况下所有的 MPS 都是基于预测的，而预测是不确定的。当拥有了新信息，你会想要把它加入 MPS 中；然而，这样做会改变 BOM 中所有项目的 MPS。另一方面，如果你知道某个预测是不正确的，但为了保持 MRP 的稳定性也可以使用这个预测。公司会使用传统的独立需求补货模型来应对 MRP 的不稳定性，但是变动和不确定的预测并不是不稳定性的唯一来源，提前期也是来源之一。用于生产的某产品的提前期越长，BOM 中的级别越多，制定 MRP 的所基于的预测就会越不确定。比如，如果最终产品的一类组件的提前期为 5 周，该组件的提前期也为 5 周，依此类推，最终产品的总提前期为 25 周，那么基于 MPS 预测结果制定的 MRP 就会高度不确定。如果这些产品用于多种最终产品的生产，那么 BOM 中底层的低级别部件的需求或许就应该被认为是独立的。

另一个 MRP 的潜在错误来源是，随着工程变更，BOM 或许应该改变，但它实际上并没有被修改。比如，假设由于工程变更，生产椅子扶手不再需要螺丝而是需要胶水了。装配平台放的是胶水，装配工人接受的培训也不是关于螺丝，而是关于胶水，但 BOM 还是跟原来一样。这可能会导致不必要地继续购入螺丝。另一种情况是，工程变更订单可能需要 7 个而不是 6 个螺丝。这时如果没有相应地修改 BOM，螺丝就会缺货。通常来说，MRP 系统的信息必须及时更新，保证准确无误，但对于任何库存或规划系统来说，这都是一个很大的难题。假设订购了一批易脆断、偶尔会坏掉的螺丝。如果这一点不被记入 ISF，最终螺丝也会发生缺货。

配送需求计划

MRP 经常被当成一种分阶段计划。另一种和它逻辑相似、但适用于不同场景的分阶段计划叫作配送需求计划（Distribution Requirements Planning，DRP）。假设一家工厂为 10 家区域配送中心供货。可以认为，工厂的需求来源于配送中心的独立需求。也就是说，如果我们知道配送中心的需求，我们就能够计算工厂的需求。配送网络的结构就像一个倒放的 BOM。对于 BOM，单个产品的需求是独立的，其他多个产品的需求是非独立的；而在 DRP 中，大量配送中心的需求是独立的，只有少量产品的需求是非独立的。DRP 的逻辑和 MRP 的很相似，包括在生产配送中心的最终产品时使用与 MPS 类似的方法，然后结合现有库存和产品从工厂到配送中心的提前期，计算出工厂的阶段性需求。这些阶段性需求之后还可以成为工厂 MRP 中的 MPS 的输入资料。

总库存控制

正如我们在前面的多项库存管理部分所讲，库存必须被整体管理。在讨论多项库存管理时，我们考虑了那些和库存投资及空间限制相关的问题，但是涉及整体管理，还有许多其他相关问题，比如我们需要比较不同配送中心、零售店，甚至不同产品的库存管理绩效。我们还需要估算当销量上升时，特定地点应该存放多少库存，或者一个新投入使用的配送中心应该存放多少库存。下面我们介绍一种解决这类问题的方法——库存吞吐量功能（Inventory Throughput Functions，ITFs）。ITFs 可以比较不同的配送中心的情况。问题在于，如果一个配送中心每年的吞吐量为 1,000,000 个库存单位，另一个为 100,000 个库存单位，那么就很难对它们进行比较，因为我们希望它们的库存水平不同，它们不应该有线性关系。本例中，一个配送中心的吞吐量为另一个的 10 倍并不意味着前者的库存就应该为后者的 10 倍。

库存[5]、销量、吞吐量可以通过回归来建立经验模型。假设 S 代表销量，I 代表库存。那么可以通过对等式 $I=\alpha S^{\theta}$ 的两边取自然对数来估计库存吞吐量的函数形式，得到 $\ln I=\ln\alpha+\ln S^{\theta}$。然后使用普通最小二乘法（Ordinary Least Squares，OLS）建立回归模型，得到 $\ln I=\beta_0+\beta_1 lnS+\varepsilon$，其中 ε 是随机误差项。一旦估计出了 ITFs，就可以通过对 $\hat{\beta}_0$ 求幂来得到 $\alpha=e^{\hat{\beta}_0}$，然后通过估计 $\hat{\beta}_1$ 直接得到 $\theta=\hat{\beta}_1$。在 $I=\alpha S^{\theta}$ 中，α 可以看成一个尺度参数，θ 则可以看成一个形状参数。最重要的参数就是形状参数 θ，因为它描述了库存满足需求的效率。

图 6–3 的竖轴表示库存，横轴表示销量，ITFs 形如 $I=\alpha S^{\theta}$，其中

α=5。θ 有 3 个不同的取值，$\theta \in \{0.5,1.0,2.0\}$。可以看到，形状参数一定时，尺度参数将库存量放大了。

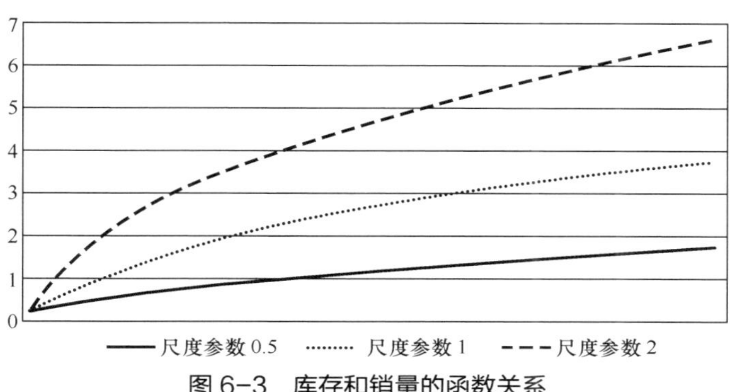

图 6-3 库存和销量的函数关系

图 6-4 的竖轴表示库存，横轴表示销量，ITFs 形为 $I = \alpha S^{\theta}$，其中 θ= 0.5，α 有 3 个不同的取值，$\alpha \in \{0.6,1.0,1.4\}$。

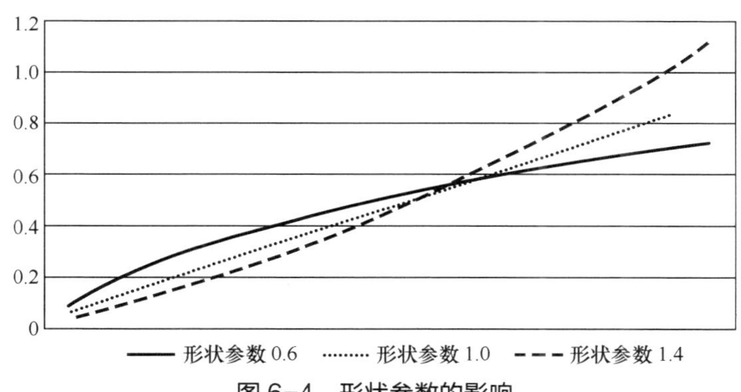

图 6-4 形状参数的影响

可以看到，当尺度参数一定时，形状参数改变了销量和库存之间的关系的本质。如果一家公司使用 EOQ 模型，形状参数就为 0.5。

$$Q=\sqrt{\frac{2DS}{hc}}$$

或者如下。

$$Q=\left(\frac{2DS}{hc}\right)^{0.5}$$

对两边取自然对数，得到下面的式子。

$$\ln Q=\ln\left(\frac{2S}{hc}\right)^{0.5}+\ln D^{0.5}$$

$$\ln Q=\ln\left(\frac{2S}{hc}\right)^{0.5}+0.5\times\ln D$$

所以，如果一家公司使用 EOQ 模型，尺度参数就为 $\left(\frac{2S}{hc}\right)^{0.5}$，形状参数就为 0.5。由图 6–5 可以看出，估计的 ITFs $I=\alpha S^{\theta}$ 中的尺度参数为 2.0，形状参数为 0.5。同样地，竖轴表示库存，横轴表示销量。

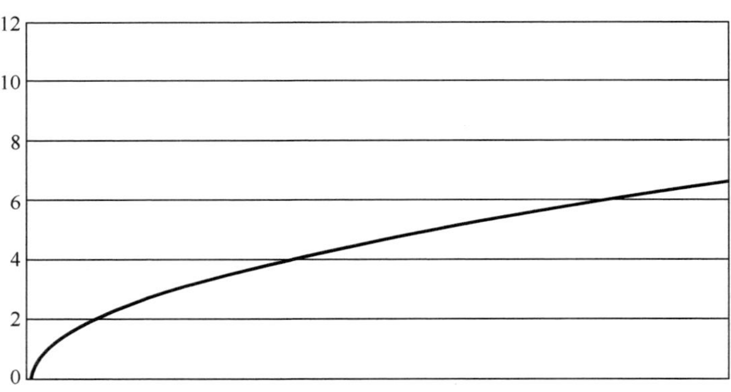

图 6–5　估计的 ITFs

大多数点都与估计曲线很接近，但是也有些远远超过或低于估计曲线。如果图上的点远低于估计曲线，可能管理库存极其高效，但供应比率值得审查，因为可能会大量缺货。反之，如果图上的点远超估计曲线，库存管理可能很糟糕，但还要看看提前期及其他可能影响持有库存的因素。到目前为止，我们的分析都是应用于库存持有地的，但其实也可以应用于公司层面 [6]。使用这个方法，公司能够对自身和竞争对手及其他有抱负的公司进行比较，也可以用本方法来监测不同时期的绩效。除了应用于库存持有地和公司，其实也能应用于库存单位：可以用这个方法来衡量配送中心不同的库存单位及其子集的绩效；此外，还可以应用于多个配送中心的单个库存单位。最后，这一方法还可以应用于店铺或工厂。

我们已经讨论了 ITFs 在衡量绩效方面的作用，但是它也能够用于估计某配送中心刚开始运转所需要的库存量。比如，假设一个配送中心达到了其容量上限，公司因此规划了一个新配送中心。该配送中心将占有几个已达容量上限的配送中心的市场来源，原来那些配送中心的市场占有率会下降。使用 ITFs 可以估计该配送中心及现有配送中心所需的库存投资。ITFs 输入、输出的单位可以是货币也可以是库存。比如，假设下面这个 ITFs 以美元为单位。

$$I = 6S^{0.7}$$

如果销量为 100,000 美元，那么库存投资的估计值约为 19,000 美元。这类预测对于现金流管理是很重要的。当需要就新的库存管理方法、新的预测方法、新的网络设计等对供应链网络进行调整达成共识时，这类预测也会派上用场。另一方面，假设下面这个 ITFs 以吨为单位。

$$I = 18S^{0.85}$$

如果销量为 500,000 吨，那么库存投资的预测值约为 1,300,000 吨。这类预测对于做出空间管理和设施设计的相关决策很有帮助。

在使用 ITFs 时，需要注意预测范围。如果预测值范围为 50,000 ~ 1,000,000 美元，超出范围的预测值就是不可靠的。即使没有超出这个范围，也应该注意预测的准确度。一个快而简单的方法就是检查回归输出的 *R* 方值。*R* 方值代表模型因变量的不均匀率。另一个方法就是使用第 4 章所讨论的预测误差指标，比如偏差值、MAD 和 MAPE。

ITFs 一个很好的特性是形状参数的含义——销量每增加 1%，库存的估计值就会增加 θ %[1]。比如，如果一家公司使用 EOQ 模型，模型的 $\theta = 0.5$，那么销量增加 1%，库存的估计值就会增加 0.5%。其他变量，如提前期，也可以添加到模型中，如下所示。

$$\ln I = \beta_0 + \beta_1 \ln S + \beta_2 \text{提前期}$$

这个模型能帮助你更加准确地解释库存变化而不仅依赖于对销量的解读。我们甚至可以在模型中再加入其他变量，比如配送中心的库存单位数量（NSKU）、配送中心服务的店铺数量（NSTORES）等。

$$\ln I = \beta_0 + \beta_1 \ln S + \beta_2 \text{提前期} + \beta_3 \text{NSKU} + \beta_4 \text{NSTORES}$$

这样做是为了尽可能多地考虑库存的影响因素，这样一来剩下的就只是库存管理效果的差异了。在公司内部使用这种方法时，效果很好；但是当它被用作和其他公司进行比较的基准时则存在一个问题，就是无法获取足够多的输入变量。

使用这个扩展版 ITFs 的另一个好处是，它能用来验证那些对决策有重大影响的假设。比如，有这样一个假设：如果公司能够减少某配送中心持有的库存单位，就能减少整体的库存需求。公司可能因此正考虑是否要提高配送中心的专业性，延长其提前期，减少其持有的库存单位。对于如此重要的一个决策，检查 R 方值、偏差值、MAD 和 MAPE 以及其他指标和假设所投入的时间都是必要的。至少应该使用 F 检验来确保模型存在显著性差异，还应该对使用的每个系数求 p 值。本例中，我们

1　这是一个重对数回归模型，所以回归系数可以被理解为弹性估计。

需要确保对提前期和 NSKU 的系数估计存在显著性差异。如果不存在显著性差异，就需要检查是否存在多重共线性。多重共线性指的是回归模型中的两个或多个自变量之间存在高度相关的关系。继续看之前的例子，如果库存单位种类越多的配送中心，提前期越长，那么就可能存在多重共线性，变量之一可能会因此无法通过显著性差异验证。甚至即使是为了基准测试，也应该检查回归假设。比如，如果存在异方差性，就会很难比较不同库存级别的观测值。回顾一下，异方差性是回归假设之一，它假设不同级别的因变量的残差的方差都是相同的。图 6–6 是使用美国 1992—2011 年汽车以外零售业的年销量和年库存数据所绘制的散点图，数据来源于美国人口调查局（United States Census Bureau）。

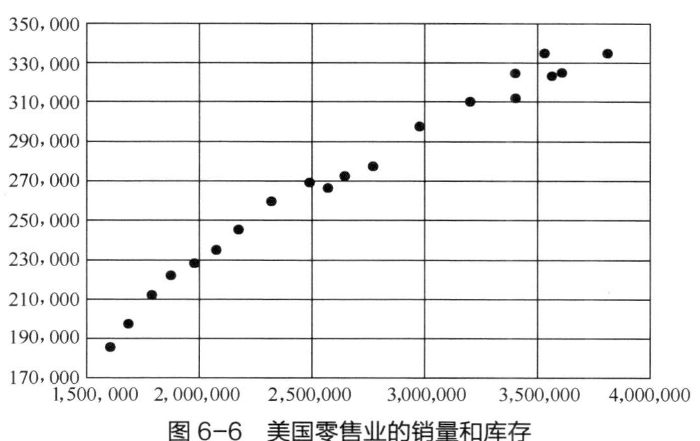

图 6–6　美国零售业的销量和库存

图 6–6 中的竖轴代表库存，横轴代表销量，单位都为百万美元。由此所估计出的 ITFs 如下所示。

$$I = 17.9S^{0.65}$$

基于 F 检验，该模型在 <0.001 的水平上具有显著性，R 方值为 0.98，表明大约有 98% 的库存差异可以用销量来解释。形状参数的估计值为 0.65，

由此看来零售业库存管理的整体水平似乎是相对高效的。我们可以推测一下其中的原因：可能是行业竞争激烈、过去 20 年电子商务的崛起、预测和库存管理的决策支持相关技术的发展等。

库存储存

虽然库存在设施内的储存经常是材料处理和仓储相关图书会讨论的话题，但是库存管理相关图书一般不会对其有过多关注。我们将在这里简单讨论一下这个话题，但更多是站在库存管理的角度，而不是材料处理和仓储的角度。在工厂内，尤其是在使用原材料、部件、组件和子组件库存时，库存储存这个概念对于最小化生产提前期、避免使用错误和损坏零件来说十分重要。如果把零件的库存储存在工厂的中心位置，每次生产需要用到什么零件时，要么工人或机器人离开工作区去取，要么需要安排专人为工作区补充所需零件。当许多工作区都需要用到某零件时，这种安排很有必要。如果库存进入工厂后被储存在中心位置，当有工作区需要时再被取走，比起把所需库存直接储存在工作区，这种安排多了一次取的过程。取库存的次数会受到收缩率、损坏率和劳动量的影响。

在仓库内，将库存放置在固定的位置有利于降低安置和拾取过程中发生错误的概率；然而，这不利于最小化库存储存所需的空间。另一个选项是将库存储存在随机位置，哪里有空位置，就在哪里安置库存。零售店后仓的空间是很宝贵的，因此大多数零售店都会使用这种随机储存的方式。但是这会加大库存拾取的难度，因为一家零售店通常有多种不同的、流动的库存单位：零售店会引入新的产品，也可能不再订购某些产品。零售店后仓的库存管理是业内库存储存管理领域的一大难题。

库存储存相关决策和管理的效率会影响库存持有成本，因为该成本包括储存空间成本、收缩和损坏成本等。库存持有成本又会反过来影响最佳库存持有水平，后者又会影响最佳订货量和最佳 OUL。类似地，库存管理流程的相关决策会影响库存储存的相关决策。比如，如果零售店的某一库存单位的安全库存增加了，货架容量却没有增加，额外的库存就可能需要储存在零售店后仓。零售店的库存不只放在后仓，有时也会放在货架顶部。有时货架顶部和货架上放的库存种类甚至是不一样的，在仓储式零售店内似乎经常能看到这样的情景。

库存记录管理

库存记录在库存管理系统中是不可或缺的。自动库存系统中有永续盘存系统。它会使用 POS 信息和条形码扫描信息来追踪现有库存。每收到一箱或一托盘的货物就进行扫描，然后系统会增加相应的库存单位，而每次售出一个就减少一个。

如果库存记录不准确[7]且公司使用（Q, ROP）补货流程，系统就无法在正确的时间点下单。如果公司使用（T, OUL）流程，系统的订货量就会出错。如果库存记录偏低，就会导致产生多余库存。如果偏高，则会导致缺货。有一些产品的库存记录容易长期偏高。比如，零售店内价格昂贵、体积小的商品容易被偷，相比于其他商品，其失窃频率更高。失窃以后，库存记录就会比实际值高。对于这些商品，库存记录相对于实际的偏差就是正值。如果一个商品的退回率很高，由于不是每次退回都会有记录，零售店的实际库存就会多于记录值，这时的偏差就是负值。其他库存可能没有这种长期的记录偏差，但是偶尔也会出错。

库存记录出错的原因有很多，其中两个我们之前已经说过了：没有记录或记录了错误的失窃和退回的情况。可能导致库存记录系统出现错误的因素包括：失窃、损坏、收货时未记录、库存安置出错、库存单位标记错误等。此外，对于自动永续盘存系统来说，POS 系统也可能是库存记录错误的来源。比如，如果一位购物者拿了 2 罐鸡肉面条汤、3 罐豆子培根汤、2 罐蛤蜊杂烩汤、5 罐奶油蘑菇汤、1 罐番茄汤、17 罐豌豆汤来到收银台，收银员在扫描鸡肉面条汤的时候错按成了“×30”，那么鸡肉面条汤的实际库存就会远远高于记录值。

永续盘存系统的另一种错误来源是商品文件数据。举个例子，假设商品文件称每箱有 24 个库存单位，但制造商将每箱容纳的库存单位改成了 12。那么每收到一箱商品，现有库存似乎就增加了 24 个库存单位，但实际上只增加了 12 个库存单位。这类情况及任何其他导致库存记录产生正向偏差的情况，都会产生虚拟库存。当库存记录显示的库存水平高于 ROP 时，就表示出现了虚拟库存。此时就算库存耗光，自动库存系统也不会下订单。在这个错误被校正之前，缺货都是不可避免的。

有人可能会认为，现在的信息技术已经可以解决库存记录不准确的问题。但事实并非如此。库存记录不准确对整个行业，特别是零售业来说仍然是一个主要问题。既然如此，有什么解决办法吗？一个比较极端的方法是使用全面盘存，也就是对所有的库存进行盘点。假设一家超市既有杂货也有日用品。在这 200,000 平方英尺的店里，总共有多达

150,000 个库存单位。想一想，做一次全面盘存需要花费多少工时、多少钱。如果每年对每家店都进行一次全面盘存，一个零售商能负担得起几次？定期对每家店都这样做将导致巨额支出。可以用周期盘点来代替全面盘存。前者只需要对一小部分商品进行盘点。零售店中的一些库存单位可能几周才会卖出一个，这类库存单位就没必要经常盘点。但是价格高、体积大，尤其是那些库存记录经常出错的库存单位，就应该经常盘点。类似地，也可以对库存单位的随机样本进行周期盘点。如果一些商品长时间未售出，可能就存在虚拟库存，那么就应该对这些商品进行周期盘点。

执行难点和对现有流程的改进

在现实中，非常有可能出现超出我们讨论的补货流程等话题范围的情况。理解这些内容对于理解更加复杂的流程来说尤为关键，因为在很多情况下，这些模型确实能够用来进行某些估计，即使从表面看来并非如此。下面来看一个例子。

配送中心从供应商的工厂那里订购了大量产品。配送中心每周会检查每样产品的库存水平，并且会从缺货或库存水平很低的产品开始检查。如果某产品的库存水平低于 ROP，就下单订货，订货量固定，用 Q 表示。然而，如果 Q + 库存水平小于 OUL，那么就把订货量设为 kQ，并且提高 k，直到 kQ + 库存水平 > OUL。假设订货总质量不能超过 40,000 磅。所以，如果在检查完所有产品之前就达到了 40,000 磅，其他库存单位就只能下周再下单，即使它们的库存水平已经低于 ROP 了。另外，如果所有库存水平小于等于 ROP 的产品的订货总质量没有超过 40,000 磅，那么就应增加订货量，让总质量越接近 40,000 磅越好。供应商将这些货物从 5 个不同的工厂运输到自己的 1 个配送中心，那里有专门为该客户服务的卸货门。

这些工厂发货的时间分别为 1 天、2 天、3 天、4 天、5 天。从每个工厂到供应商的配送中心的运输时间都为 1 天。货物到达供应商的配送中心后，就会被堆放在卸货门前面，准备送往客户的配送中心。卸货会花费 1 天时间。一旦 5 个工厂的所有产品全部到达，这批产品就会被发往客户的配送中心。运输会花费 1 天时间。产品到达客户的配送中心后，收货和安置又会花费 1 天时间。怎么确定这个流程中给定产品的审查周期呢？提前期又如何确定呢？

这个例子看起来很复杂，但实际上没那么复杂。本例中，由于只有在装车以后供应商才会发货，零售商的配送中心只用考虑所购产品的最长提前期。所以，其中一个工厂花费 5 天时间把产品运送到自己的配送中心，然后再花 1 天时间将产品运送到客户的配送中心，客户的配送中心花 1 天时间收货，再花 1 天时间把货发给零售店，零售店最后花 1 天时间接收和安置货物。总提前期为 9 天，因为速度最慢的工厂是一个瓶颈，总提前期的长短主要由它决定。剩下的流程可以通过离散事件仿真来建模。

参考文献

[1] Carlson, M., and J. Miltenburg. “Using the Service Point Model to Control Large Groups of Items.” *OMEGA* 16(5)(1998): 481–489.

[2] Zipkin, P. H. Chapter 8 in Foundations of Inventory Management. New York: Irwin, 2000.

[3] Fisher, Marshall L., and J. H. Hammond. "Coping with Demand Uncertainty at Sport Obermeyer." *Harvard Business Review* 72.3 (1994): 90.

[4] Vollman, T. E., W. L. Berry, and D. C. Whybark. Manufacturing Planning and Control Systems, 3rd ed. Homewood, IL: Irwin, 1992.

[5] Ballou, Ronald H. "Expressing Inventory Control Policy in the Turnover Curve." *Journal of Business Logistics* 26.2 (2005): 143−164.Ballou, Ronald H. "Estimating and Auditing Aggregate Inventory Levels at Multiple Stocking Points." *Journal of Operations Management* 1.3 (1981): 143−153.

[6] Eroglu, Cuneyt, and Christian Hofer. " Lean, Leaner, Too Lean? The Inventory−Performance Link Revisited." *Journal of Operations Management* 29.4 (2011): 356−369. Eroglu, Cuneyt, and Christian Hofer. "Inventory Types and Firm Performance: Vector Autoregressive and Vector Error Correction Models." *Journal of Business Logistics* 32.3 (2011): 227−239.

[7] Waller, Matthew A., Heather Nachtmann, and Justin Hunter. "Measuring the Impact of Inaccurate Inventory Information on a Retail Outlet." *International Journal of Logistics Management* 17.3 (2006): 355−376.

07

管理供应链库存流的方法

组件风险汇聚

风险汇聚 [1]（Risk Pooling）、投资组合效应（Portfolios Effect）、安全库存汇聚（Safety Stock Aggregation）的核心思想是一样的，都可以称为风险汇聚。风险汇聚是一种将需求流组合在一起从而减少安全库存的现象，因为随机变量总和的相对不确定度低于多个随机变量相对不确定度的总和。前提条件是随机变量的相关度小于 1。这意味着可以减少安全库存。举个例子，假设有两个不同的需求市场，分别由两个不同的配送中心供货，如果只有一个配送中心可以为这两个市场供货，而其他条件不变，只要需求变量的相关度小于 1，所需安全库存就会减少。

假设由 1 号配送中心服务的市场中，某个库存单位需求的标准差为 4，由 2 号配送中心服务的市场中，该库存单位需求的标准差为 3，并且这两个需求不相关；两个配送中心的提前期都为 1 天，安全库存等于 DDLT 的标准差乘以 3。现在 1 号配送中心有 $4 \times 3 = 12$ 个单位安全库存，2 号配送中心有 $3 \times 3 = 9$ 个单位，总和为 $12 + 9 = 21$ 个单位安全库存。现在，如果将两个配送中心组合起来，标准差为 $\sqrt{4^2 + 3^2} = 5$，所以安全库存等于 $5 \times 3 = 15$ 个单位，比之前减少了约 30%。

如果需求是相关的，我们就要做点修改。

X_1 =SKU1 需求的随机变量

X_2 =SKU2 需求的随机变量

Var = 方差

ρ = 相关系数

两个随机变量之和的标准差如下。

$$\sqrt{\mathrm{Var}\left(X_1 + X_2\right)} = \sqrt{\mathrm{Var}\left(X_1\right) + \mathrm{Var}\left(X_2\right) + 2\rho\left(X_1, X_2\right)\sqrt{\mathrm{Var}\left(X_1\right)\mathrm{Var}\left(X_2\right)}}$$

在前例中，假设需求之间的相关系数为 0.1，得到如下结果。

$$\begin{aligned}&\sqrt{\mathrm{Var}\left(X_1\right) + \mathrm{Var}\left(X_2\right) + 2\rho\left(X_1, X_2\right)\sqrt{\mathrm{Var}\left(X_1\right)\mathrm{Var}\left(X_2\right)}}\\&= \sqrt{16 + 9 + 2 \times 0.1 \times \sqrt{16 \times 9}}\\&= \sqrt{25 + 2 \times 0.1 \times 12}\\&= \sqrt{25 + 2.4}\\&= \sqrt{27.4} \approx 5.2\end{aligned}$$

5.2 × 3 = 15.6，仍然小于 21。实际上只有当 ρ（X_1，X_2）=1 时，结果才会跟之前一样。回顾一下，ρ（X_1，X_2）$\in[-1, 1]$。在之前的例子中，如果 ρ（X_1，X_2）=−1，那么结果如下。

$$\begin{aligned}&\sqrt{\mathrm{Var}\left(X_1\right) + \mathrm{Var}\left(X_2\right) + 2\rho\left(X_1, X_2\right)\sqrt{\mathrm{Var}\left(X_1\right)\mathrm{Var}\left(X_2\right)}}\\&= \sqrt{16 + 9 + 2 \times (-1) \times \sqrt{16 \times 9}}\\&= \sqrt{25 + 2 \times (-1) \times 12}\\&= \sqrt{25 - 24}\\&= \sqrt{1}\\&= 1\end{aligned}$$

同样，在前例中，如果 ρ（X_1，X_2）=1，那么结果如下。

$$\begin{aligned}&\sqrt{\mathrm{Var}\left(X_1\right) + \mathrm{Var}\left(X_2\right) + 2\rho\left(X_1, X_2\right)\sqrt{\mathrm{Var}\left(X_1\right)\mathrm{Var}\left(X_2\right)}}\\&= \sqrt{16 + 9 + 2 \times 1 \times \sqrt{16 \times 9}}\\&= \sqrt{25 + 2 \times 1 \times 12}\\&= \sqrt{25 + 24}\\&= 7\end{aligned}$$

7 × 3 = 21 个单位，和两个配送中心组合之前的结果一样。

可以通过组合配送中心来进行风险汇聚，但方法不止这一种。如果两个产品彼此是可相互替代的竞品关系，如零售店里两种品牌的黄色 2 号铅笔，假设服务水平不发生变化，那么去掉其中一种产品也是一种风险汇聚。

风险汇聚也可用于预测。相较于分散式预测，集中式预测的准确度更高。举个例子，如果要预测某库存单位的销量，一般来说，对 100 家店进行预测的结果会比对一家店进行预测的结果更加准确，长期预测的结果比短期预测结果更加准确。比如，某库存单位未来一个月销量的预测结果会比未来一天销量的预测结果更为准确。供应链管理的很多领域及很多其他行业都使用了风险汇聚法，如金融行业，但金融行业称其为投资组合效应。

正如我们之前提到过的，风险汇聚有时被称为投资组合效应和安全库存汇聚，有时也被称为平方根定律（Square Root Law）。事实上这并不算是一个定律，所以本书不使用这个说法。此外，平方根定律假设需求的随机变量之间不存在相关关系，但通常实际情况并非如此。

削弱长鞭效应

长鞭效应[2]指的是从供应链下游到上游，需求的不确定度逐渐提高。比如，POS 的需求不确定度低于零售商配送中心的需求不确定度，后者又小于供应商需求的不确定度。这就是越来越多的零售商开始和供应商分享 POS 数据的部分原因——供应商可以通过 POS 数据更好地预测需求，因为它比订单数据受到的干扰更少。但订单数据的优点在于其包含预测相关信息——补货流程的节奏，也就是说补货系统经常存在一个可以用于预测的节奏。之后我们将进一步讨论这个话题。现在，让我们先回到长鞭效应。

这一节我们讨论长鞭效应产生的原因[2]。其中一个原因是使用了订单增量大于销量的订单分批策略。举个例子，一家零售店里，一种叫Cheerios的燕麦圈每天都会有人购买。但是零售店每两周才向配送中心下一次订单。对于配送中心来说，订单分批策略隐藏了需求信息的部分细节。而配送中心可能为20家零售店供货，这些店每周都会下单订货，订单数据所包含的需求信息又进一步减少了。为了更好地理解，我们来看一个比较极端的例子。假设第1天以后，1号店Cheerios的销量每天增长10倍，到了第3天，1号店向配送中心下单，订货量为其一般订货量的10倍。又过了一周，也就是第10天，配送中心向供应商下单订货，订货量比其一般订货量要多很多。所以，很显然，订单分批策略会导致需求信息延迟：本例中延迟了10天。订单分批策略会隐藏需求的趋势和其他模式，还会导致需求变化信息延迟。很显然，订单分批策略干扰了需求信息，这会导致缺货或库存过量。此外，由于可能需要加急运输，运输成本也会增加。

长鞭效应产生的另一个原因可能是产生订单前的预测误差。这种误差可能是人为导致的，可能是模型导致的，也可能两种原因都有。假设使用二阶指数平滑模型（也叫作Holt模型）来预测趋势，但实际上需求并不存在什么趋势，并且如果模型使用了高平滑常数，产生订单时偶尔就会发生过预测，偶尔又会发生欠预测。这个现象会随着预测周期的延长而更加明显。

如果使用了高平滑常数来更新趋势分量的预估值，最近一次的销量变动会更为明显地通过趋势分量展现出来。如果继续进行预测，就像使用订单分批策略时提高订货量一样，错误趋势的误差会被放大，无论误差值是正还是负。

有很多测量长鞭效应的方法，我们在这里只讨论最直接的一种——通过方差之比来测量。用什么方差取决于你想在什么层面进行测量。如果想对某零售店进行测量，可以取其订单数据方差和销量数据方差之比。如果想对整个零售店级进行测量，可以取该零售商旗下所有零售店的POS数据方差和订单数据方差之比。

由于长鞭效应带来的主要成本是库存过量（即安全库存过多）、缺货更加频繁、特定库存单位运输成本增加，因此在库存单位级测量长鞭效应是最有意义的。很多图书讨论的是行业的长鞭效应，对于分析经济形势这可能有意义，但是对于库存管理并无意义。类似地，分析一个月、一个季度、一年内的长鞭效应，对于每天或每周都要补货的库存单位来说，也是无意义的。通常来说，在库存单位水平测量其补货间隔内的长鞭效应，对供应链管理是最有意义的。

可以使用第5章中讨论过的模型来分析单个节点是如何产生或消除长鞭效应的。还可以分析不同的补货流程和参数会对长鞭效应产生何种影响。比如，如果需求的方差设得很大，将订货量设为和需求均值相近的水平，即设置大量安全库存，你会发现，补货系统可以减小长鞭效应的影响或实现生产平衡。订单方差小于需求方差就意味着实现了生产平衡。之前我们说过，通过POS数据能够更好地理解需求，但订单数据也包含着十分重要的信息。在之前的例子中，订货量接近需求均值，有大量安全库存，店铺几乎每天都会订购等量货物，而店铺需求的方差很大。如果供应实体基于 POS 数据而设置很高的安全库存，由于订货量的实际不确定度很低[1]，安全库存就会过量。

图 7-1 比较了长鞭效应和风险汇聚。

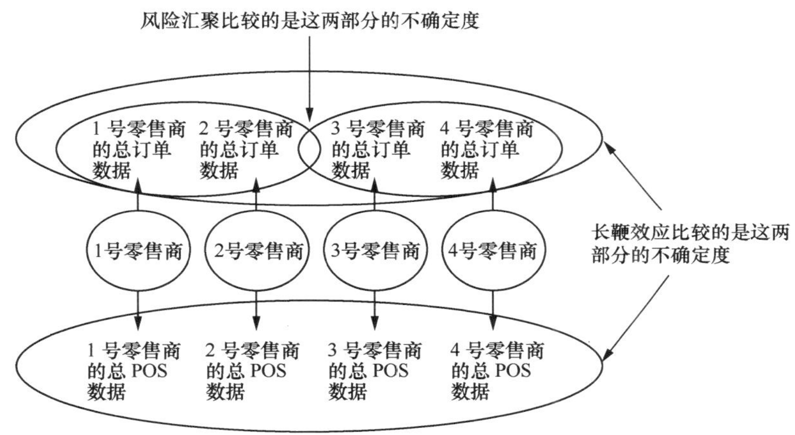

图 7-1 长鞭效应和风险汇聚

在图 7-1 中，最下方的一行为 4 个零售商各自的总 POS 数据，外面的圆代表所有汇总的 POS 数据。假设 4 个零售商的配送中心的某库存单位都是由同一个供应商的配送中心供货。那么在总订单水平上分析长鞭效应是最合适的。中间一行代表处理需求、把需求转为订单的零售商。这可能涉及好几级的下单流程，比如店铺向零售商的配送中心下单、零售商的配送中心向供应商下单。图 7-1 所标注的“1 号零售商的总订单数据”，可能是由 1 家，也可能是由 100 家配送中心产生。所以，即使所有的订单都是来自这 4 个零售商，实际的运送目的地也可能非常多。

1　由于店铺级的库存持有成本通常来说比其上游的更高，这可能并不是一个明智的选择。

长鞭效应比较了首行的零售商总订单数据与最末行的总 POS 数据的不确定度。记住，这个分析只是针对单个库存单位的，因为该供应商必须持有单个库存单位的库存。风险汇聚可以用来分析将配送中心一分为二所产生的增量成本。如果供应商这样做了，并且让其中一个配送中心服务于 1 号和 2 号零售商，另一个服务于 3 号和 4 号零售商，那么就需要测量两次长鞭效应。当然，供应商需要持有一定量的安全库存，来维持服务水平，但至少两个配送中心之一是位于零售商的配送中心附近的，这样提前期就缩短了，由此可以弥补这个差额。

库存延迟

某意大利服装品牌，其大量产品都被售往美国的商店，这些商场大多位于大型购物中心。该品牌因其服装具有独特的主题色而闻名，对于色彩在市场上的流行趋势，它有着公认的灵敏嗅觉。

色彩是服装风格趋势中最易变的一个方面，确定某个季节的流行色是个难题。该品牌通过在服装线中推出纯色系列来捕捉流行色。然而到了季末，其库房里往往总会多出某些颜色的库存，这时它只好减价清仓。有时候为了清仓，甚至会以低于成本价的价格出售这些库存。就像服装行业的其他很多公司一样，该品牌注意到了，拥有流行色的服饰很容易就会缺货，而剩下的产品都是没人想要的，只能减价出售。

该品牌的服装生产流程一般包括将纱线漂白后上色，再将纱线编织为成品，如一件毛衣。最后，制造商把产品从意大利运到美国。染色环节资金密集、完成时间短，而编织和装配环节则劳动力密集、完成时间长。

该品牌所面临的问题变成了“如何解决季末多余库存的问题？”一个显而易见的答案是，“通过加快装配环节来缩短整个流程”或“换用编织速度更快的机器”。

该品牌决定交换流程中两个环节的位置，改成先编织和装配，最后染色。这样打破了传统。但对于纯色系列服饰，没有理由不这样做。推迟染色环节是有好处的，因为这样就能够在换季时更加准确地预测色彩的流行趋势，从而预测销量；也因此能够按需生产不同颜色的服饰，减少对不受欢迎的服饰的生产，从而减少季末的多余库存。

通常，将生产和配送延迟的策略被称为延迟策略[3]。有人还将延迟策略定义为在收到客户订单之前延迟生产和配送的策略[3]。延迟策略能让公司使用更少的成本来定制产品，也可以用于延迟运输和仓储费用的支付。延迟策略还可以提高库存持有的中心化程度，从而可能增加中心位置的周期库存，减少其下级库存持有节点的周期库存。另外，延迟策略还能减少最终产品的安全库存。

延迟似乎是和“投机”相反的一种策略。“投机”是在需求产生之前就进行一系列增值活动，包括提前将产品运送到预计会产生需求的地点、在接收订单之前就定制产品等。选择“投机”策略的公司能够快人一步，或者满足早期需求。所以，虽然延迟策略有助于降低成本，但也应该权衡其与“投机”策略相比的得与失。但也可以使用混合策略，即对部分产品使用“投机”策略，对另一部分使用延迟策略。并且，如果你将“投机”和延迟看作一个连续统一体，就可以将其想象为一个投资组合策略，即预计需求不同的产品在这个连续统一体中的不同位置并进行生产和配送。公司的市场部门似乎倾向于使用“投机”策略，而供应链部门则倾向于使用延迟策略。供应链经理的职责就是，在不损害双方部门利益的前提下，找到适用延迟策略进行生产和配送的产品。

在途合并

在途合并[4]即合并来源不同、目的地相同的部件或产品。比如，假设一家公司的办公设备来自美国密歇根州西南部的 3 个供应商，他们进行在途合并后，用 53 英尺（1 英尺约为 0.305 米）的拖车将产品运往亚利桑那州的凤凰城。这家公司不用支付 3 批货物的运输费用，因为可以在密歇根西南部将其合并为一批货物，再送往目的地。在途合并属于合并运输的一种方式。在途合并包括在途组装，适用于部件来源不同但需要组装为成品来运输的情况。在途合并可以降低运输成本，原因我们已经解释过了。此外，这种策略还可以降低采购方的库存成本，因为所有货物都是一次到达且随时可用。如果不使用在途合并策略，可能会出现一类部件已到货，但需要等待剩余部件到货才能组装为成品的情况，从而增加库存持有成本[1]。

供应商管理库存

供应商管理库存[5]（Vendor Managed Inventory，VMI）是一种由供应商决定补货时间点和订货量的补货策略。要使用该策略，供应商必须

1　假设承销人一收到货物就拥有货物。

至少掌握客户的库存水平信息；如果供应商也同时掌握了 POS 数据会更好，因为需要通过预测来进行库存管理。VMI 背后的关键理念是，供应商在掌握其他客户需求信息的情况下，进行发货相关决策，让供货过程更加顺利。供货过程变得更加顺利以后，供应商就不再需要那么多的安全库存，缺货频率也会下降。供应商缺货会提高客户提前期的不确定度，客户会因此增加足量的安全库存，否则就容易缺货。为了使用 VMI，客户不仅需要将库存水平和需求数据分享给供应商，还需要和供应商合作，加深对绩效目标，如库存目标和供应比率目标的理解。客户必须十分注意这些指标的计算和更新方法，如果不始终保持小心谨慎，可能供应商的一个决策就会让公司蒙受损失，让竞争对手获益。另一个需要关注的问题是，如果供应商某月的销量持续偏低，它就可能为了提高销量而大量下单。如果有设定的、无异议的指标，这一情况是可以被检测到。除了可能优化供应链管理以外，VMI 能够将人力成本从客户转移到供应商身上，这是客户选择该策略的另一个理由。

寄售

有时人们会混淆 VMI 与寄售。寄售指的是客户设施中的库存在未售出之前都归供应商所有。VMI 和寄售是两种不同的策略，因为在使用前者的同时，既可以使用也可以不使用后者。客户选择寄售的理由在于该策略能减少其承担的风险，现金流也比不使用寄售的时候更多。另一方面，因为寄售可以减少商品不畅销的风险，客户可能就不会在销售上投入太多成本[1]。寄售策略是否真的能让客户受益，可能无法简单地从表象就得知。假设客户与供应商签订的销售合同的有效期为30天，如果不使用寄售策略，客户就必须在签订合同的当天就转账给供应商。如果客户每周进行一次库存周转，那么就现金周转期而言，可能不使用寄售策略是更好的选择。如果不使用寄售策略，客户在第1天收到货物，第7天将货物卖出，但是在第30天之前都不用支付订单。这意味着，客户在离支付订单前的23天获得了现金。如果使用寄售策略，客户就需要在收到现金的同一天支付订单。当分析寄售的收益和成本时，你必须考虑它会如何影响公司的激励机制，使用还是不使用寄售的销售合同条款，以及库存周转率。

反向寄售

反向寄售[6]指的是客户购买并拥有产品，但是不要求供应商立刻运输的一种策略。通常对以下情况适用：客户的库存储存空间不足；该产品在市场上出现短缺，但客户暂时不知道哪个配送中心或其他地点需要这批产品；客户并非真正需要这批产品，只是为了不错过促销折扣。此外还有一些原因，但在某种程度上，这个策略可以看作另一种形式的延迟策略，因为库存的发货时间被推迟了。

协同计划、预测和补货

协同计划、预测和补货[7]（Collaborative planning, forecasting and replenishment，

1　也就是道德危机（moral hazard）。

CPFR）是一种客户（通常是零售商）和供应商协同工作，有多种具体实现方式的库存补货策略，双方旨在就预测和补货目标达成共识。过去这几年，业界提出了许多关于CPFR策略正确工作机制的指导原则[8][9]。我们并不会探讨这些原则，只会讨论这个策略背后的一些关键概念。CPFR的重要概念之一是，零售商和供应商掌握着不同类型的信息，合在一起可以让预测更加准确，让补货决策更加高效。比如，供应商掌握所有零售商的销售信息，但是零售商掌握着零售店的详细情况及所处市场的信息。供应商可能比一些零售商，尤其是区域零售商能更快地洞察整个市场逐渐形成的某种趋势；而零售商能更快地发现该趋势带来的品类、构造、地区人口结构、道路建设等方面的改变。

推式与拉式库存管理

推式库存系统（Push Inventory System）基于需求的预测值补货，拉式库存系统（Pull Inventory System）基于被使用或售出的库存补货。（*Q*, ROP）库存补充系统是推式还是拉式系统？当消耗了足量的库存，该系统就下单补货，即使用或售出足量库存以后，达到ROP就补货。因此，（*Q*, ROP）是一个拉式系统。然而，ROP通常是基于预测的，因此它又属于推式系统。假设，某时刻的再订货点为ROP_1，但在*t*时刻，预测值增大，再订货点上升，用ROP_2表示。这时，即使在这期间没有消耗库存，也会触发系统下单补货。所以严格来说，（*Q*, ROP）是一个推拉式混合系统；（*T*, OUL）也类似。MRP系统和DRP系统都属于推拉式混合且偏拉式的系统[1]。而前两者的补货是基于对未来一段时期需求的预测值，因此偏推式。

日本人发明的看板[10]系统是一个典型的拉式系统，一般用于生产环境中。存在许多不同的看板系统设计，但其中最简单的是一种双料箱看板系统。假设在某家工厂的工作站有一个装满了生产某产品所需部件的料箱。当料箱变空以后，它就被送到库存储存区域，换另一个装满的料箱。但被移到库存储存区域的经常是看板，而不是料箱。看板包含了物料所需量、所需地、最晚多久送到等信息。这样料箱在完全变空之前就会得到补充。因此，这属于一个（Q, ROP）流程。料箱大小决定了 Q，料箱大小或看板信息决定了 ROP。在一个双料箱看板系统中，Q 和 ROP 都等于料箱的容量。看板系统的许多独特方面本质上都是可视化的：什么时候需要补货是可以看到的。

渠道分隔

渠道分隔[11]指的是把销售渠道和实体配送渠道分开。比如，A 公司可以从 B 公司采购产品再卖给 C 公司，但是产品可以直接从 B 公司流向 C 公司。这就是一个渠道分隔的例子，因为销售渠道和实体配送渠道是不同的。本例中的销售渠道是从 B 公司到 A 公司，再到 C 公司；而实体配送渠道是直接从 B 公司到 C 公司。这样做在很多时候都能够降低运输成本、人力成本和库存成本。渠道分隔的一个阻碍因素是信任

1　第 6 章讨论了 MRP 和 DRP。

感缺失。比如，如果 A 公司不信任 B 公司，它认为 B 公司阻碍了自己和 C 公司的关系发展，那么就无法进行渠道分隔。有时 A 公司会帮助 B 公司销售产品，B 公司可以给产品打上 A 公司的标签，C 公司甚至都不知道产品是直接从 B 公司运来的。这种情况叫作代发货。比如，亚马逊可以为其他公司代发货，亚马逊负责持有和运输库存，其他公司就只管销售。

最优库存配置

最优库存配置（Inventory Placement Optimization ）和供应链中的库存，尤其是安全库存的持有地有关。之前已经讨论过，一个节点可以拥有大量安全库存，并以接近需求量的订货量频繁下单，供应链中的高级节点就可以因此得到保护，不用持有太多安全库存。然而，一般来说，处于供应链里越高级别的位置，库存持有成本就越低。比较极端的情况是，大多数零售商所处的位置租金较高，距人口密集的城市中心近，而配送中心和工厂则大多位于租金较低、远离人群的郊外地区。类似地，在零售商设施中，货架空间的机会成本更高，因为货架空间是固定的，并且如果货架上也存放安全库存，品类深度和宽度就会变小。而且，对于那些缺货成本很高的库存单位，零售店有时应该持有大量库存。但是在寻找安全库存、周期库存等的最优配置时，需要仔细分析运输成本、库存持有成本、缺货成本，还必须考虑包括交叉转运在内的各种补货流程中的可选项。

全球供应链的影响

全球供应链管理主要面临着两种不同类型的挑战：海外采购时的库存管理和海外市场销售时的库存管理。这两者是完全不同的概念，难点当然也不一样。对于海外采购时的库存管理，难点在于提前期长、报关难、通信难。对于海外市场销售时的库存管理，难点在于基础设施的缺乏、法律系统的差异、顾客和购物者的行为差异、税收规则的差异和复杂性。我们首先讨论第 1 种库存管理。

对于海外采购时的库存管理，必须考虑到不同的运输方式及其对周期库存、安全库存及在途库存产生的影响，因为不同运输方式花费的时长差异会很大。空运和内陆水运 / 陆运的时长可能会相差多达 3 ～ 4 周。比如，如果从内陆水陆联合运输转为空运，并且按减少 4 周运输时长来算，在途库存可以减少约 90%。此外，如果需求不确定度是一定的，安全库存可以减少约 75%[1]，当然运输成本也会显著增加。因此，海外采购进行库存管理时必须仔细考量不同的运输方式，而不是无根据地简单假设哪一种更好。此外，某些情况经常采用海运 + 空运应急的方式，主要需求由海运解决，最不确定的那部分需求由空运解决。无论选择哪种运输方式，都必须考虑所有的成本和服务水平指标。生产和人力成本通常是做采购决策时的重要考虑因素，但实际上也应该考虑如库存持有成本、运输成本、缺货成本、税费、监管合规成本等其他因素。还需要注意库存相关成本

1　你可以使用下面的公式来粗略估计安全库存的减少百分比。假设 L_1 表示当前的提前期，L_2 表示计划的提前期，那么安全库存减少百分比的粗略估计值就为 $\frac{\left(\sqrt{L_1}-\sqrt{L_2}\right)}{\sqrt{L_1}}$。

每部分的来源。举个例子，一家美国公司从亚洲某国采购了一种服饰，该产品的绝大部分增值都在该国产生，海运成本只占总成本的一小部分。同时，该服饰税费的数量级可能与其生产成本的数量级差不多。这种情况就应该通过对外贸易区（Foreign Trade Zone，FTZ）进行交易。如果产品是通过 FTZ 到达美国的，在等待期间无须缴纳关税。类似这样的细节就可以影响产品在供应链中的最优配置。

到达美国以后，产品必须过海关，还必须依据美国协调关税表（Harmonized Tariff Schedule of the United States，HTSUS）对产品进行分类。关税征收与否、征收金额和产品原产地及种类有很大关系，进而会对库存投资和进口以后的库存成本产生很大影响，后者又会影响库存最优配置及物流网络设计。如果你有一条丝质领带，蚕丝产自中国，在孟加拉被加工成丝绸，由意大利的一家公司设计和销售，那么这条领带的原产国是哪里呢？一般来说，从成本角度来看，你会偏向于认为关税最低的国家是原产国；但从市场角度来看，你可能会希望原产国是产品库存最多的国家。确定原产国十分重要，需要具备像报关员这样的专业人员掌握的知识。如果一个产品的原产国或种类有争议，就会导致该产品被卡在海关处，具体和产品本身及进口国有关。

海外市场销售和配送时的库存管理难以使用一般性的描述方法。同一大陆的发展中国家之间或发达国家之间，在基础设施、消费者喜好、产品种类趋同化、运输能力和竞争情况、仓库数量、土地成本、人力成本、劳动法规、增值税方面的差异可能会很大。如果一家公司拓展业务，在海外销售或配送产品，需求预测可能会很难，因为目标国的文化及假期安排和本国不同。比如，在海外运营的零售商要熟悉目标国的假期，包括消费者行为和外来务工人员行为。一些国家的外来务工人员会在节假日返乡。这对于零售商进行需求预测很有意义，因为这类人员在一些城市的密度很大，因此在他们返乡以后，这些城市的需求可能会减小，而其返回的城市的需求可能会增大。在预测和补货时考虑这些差异，表面看来似乎很容易，但是实际上可能会很难，尤其是对那些刚进入外国市场不久的公司而言。

管理外国市场的库存可能会很有挑战性，同质市场的产品库存管理尤其如此。比如，虽然美国的人口特征多样，但杂货和日用品的消费是相对同质化的，尤其是和中国等国家相比。中国的菜系丰富，菜肴的原材料也各不相同。因此，中国的零售商品种类的异质程度高于美国。相较于美国，中国的杂货产品的供应商也更具区域性，因此很少有产品需要中心化配送。所以，同质产品和区域采购在中国更为普遍，从而所需库存也更多，运输效率也更低。

此外，在不同国家使用配送中心的成本效益取决于土地成本、人力成本和劳动法规。很显然，这些变量会影响配送中心的最佳自动化水平，进而影响固定、不定成本和投资回报率。一些土地成本相对高昂的国家，配送中心是多层、高度自动化的；而在土地成本相对低廉的国家，配送中心庞大且分布较广。前者的面积可能比后者更小，如果使用前者这种配送中心，采用店铺直送（Direct Store Delivery，DSD）方式的产品数量可能会增加。

零售和消费者产品的库存管理

店铺补货主要有 3 种方式：店铺直送；配送中心送到店铺；由供应

商交叉转运至配送中心，再送到店铺。DSD 是由供应商将产品直接送到店铺，并且经常还负责将产品放上货架。如果一家零售商有 100 家店铺，由一个供应商将货物发到这些店铺，一年中有 300 天如此，100 店 ×300 天 = 30,000 份发票和收据。这还只是一个供应商的情况。而如果供应商每周发货到配送中心，配送中心再为这 100 家店铺发货，那么只会产生 52 份发票和收据。这有助于降低发票匹配错误成本，即发票、收据或订单不相符所产生的交易成本。如果发生了发票匹配错误，应付账款部门必须调查错误原因。从供应链的角度来看，DSD 的运输成本比配送中心送到店铺的成本更高。但 DSD 也有优点。假设要送的是新鲜面包，面包店在本地，而面包又很容易超过保质期，因此应该采用 DSD 方式。店铺直送的其他好处还包括，掌握了该领域专业知识的专业人员会把店铺的货架摆放得很吸引人。

交叉转运

这里的交叉转运和 LTL 中的交叉转运有着不同含义。这里的交叉转运指的是供应商把产品送到配送中心后，基于各店铺的订货量来分配产品，然后将产品装运好送往对应店铺。

如果供应商在收到订单以后，基于原始订单来分配产品，那么使用交叉转运就需要店铺有一定量的存货，才能维持服务水平，配送中心也是如此。理由在于，如果使用交叉转运策略，店铺的总提前期就等于从供应商到配送中心加上从配送中心到店铺的提前期。而如果配送中心有存货，店铺的提前期就只是从配送中心到店铺的提前期。邮政收据分配能够解决这一问题。邮政收据分配是指，一旦产品到达配送中心并进行交叉转运，产品就被分配给了各个店铺；分配不是基于供应商收到的原始订单[12]。所以如果不采用邮政收据分配方式，很显然需要进行一些权衡：是使用交叉转运并增加店铺库存；还是不使用交叉转运，仅在配送中心安排库存。使用邮政收据分配，可以基于配送中心层的库存水平生成订单，之后再使用探索法将产品分配给各个店铺。

品类决策

品类决策一般基于需求和可用空间的大小，这类决策对于库存管理和预测会产生很大影响。某产品类别下的品牌数量一定时，该类别的品类深度和不同库存单位的数量有关，品类宽度则与该类别下的品牌数量有关。当空间一定时，品类增加，每单位库存的库存容纳能力减小，每个补货间隔的预计缺货数量也会增加。然而很奇怪的是，库存持有成本也会增加[13]，理由在于，增加的第 n 个库存单位的数量一般比第 $n-1$ 个库存更小。也就是说，零售商最开始会存放数量最多的库存单位，再存放数量较少的，越晚存放的库存单位数量越少。虽然并不一定总是这样，但通常都是如此。随着库存单位增加，最终畅销产品的缺货频率会提高，该品类下的平均库存也会增加。当然，可以通过增加店铺人力及提高从后仓将库存移动到货架上的频率来为畅销产品补货。在店铺销售旺季，畅销产品的补货可能会很困难，但其又是这段时期最需要的。通过增加人力给货架补货的方式是存在上限的[14]。库存单位的种类越多，零售商所占的市场份额可能就越多，这会为其带来本会在别处停留脚步的顾客。

这就是不能孤立地进行品类决策的原因之一。但是这一好处可能会被其引发的额外缺货现象所抵消。

新产品的引入

从库存管理的角度来看，新产品的引入也会引发类似问题。在某品类下引入一个新产品会让库存管理产生不确定性，并且畅销产品的库存空间会被瓜分。畅销产品一般会有多个库存位置，有时还会是唯一有多个库存位置的产品。这种情况下，为新产品腾出空间的唯一方法就是减少畅销产品的空间。这样做有一个前提，该品类下没有其他库存单位被移除。除了会瓜分畅销产品的空间以外，引入新产品会产生很高的需求不确定度，由于缺乏历史数据，因此也很难对其进行预测。预测销量的方法依赖于历史销售数据。新产品需求的预测一般是基于销售和采购人员的判断。另一个方法是使用类似产品的历史数据，但需要懂得如何判断某个产品是不是新产品的类似产品。甚至，即使找到了类似产品，也不意味着二者未来的销量相似。新产品会引入不确定性的另一个原因在于其代替品作用。这些新产品会瓜分现有产品的需求，从而增加对后者进行需求预测的难度。

补货单位：托盘、外箱、内箱、单品

零售店最常见的补货单位就是托盘、外箱、内箱及单品。托盘经常出现在仓储式零售商店中，但偶尔也能在其他零售店中见到，比如用托盘展示促销产品。补货最常用的单位就是外箱，尤其对杂货和快消品来说。如果以内箱[1]或单品为单位补货，需要配送中心进行拆包。也就是说，假设一种产品的销量为一周卖出一个，那么一个装了 24 个产品的外箱（24 周的供应量）会先由配送中心拆包，再由其将单个产品送到各个店铺（1 周的供应量）。这样做有助于降低店铺的库存持有成本，但会增加配送中心的人力成本。外箱个数经常是根据托盘容量和卡车容量定的。可能有人会认为，供应商所用的外箱数量会根据零售商和订货量的不同而变化，但实际上基本没什么变化。所以，送到这家店的外箱里面装的可能是产品的半年的供应量，而另一家可能只装了一周的供应量。

零售店的货架布局

零售店的货架布局和产品空间分配是库存管理的一个重要方面。货架上的产品布局还会影响销量[15]。有的产品放在过道尽头或分区尽头会卖得更好，有的放在中间位置会卖得更好；有的产品放高一点卖得更好，有的放低一点卖得更好；有的产品放在特定产品旁边会卖得更好；有的产品在货架上放得越多卖得越好[16]。上述规律特别适用于即兴购买型商品，而不那么适用于计划购买型商品。有研究表明，购物者难以分清一个分区内不同的产品类型及空间分配[17]。如你所见，在对零售店的货架进行布局时，有很多考虑因素，与需求相关的尤其多。所有与布局相关

1 内箱是外箱里面的箱子，由塑料或其他材料把几个绑到一起。内箱不是销售单位而是配送单位。店铺收到内箱以后必须开箱，把里面的商品摆放到货架上。

的决策，包括商品的摆放位置、旁边放什么商品、放多少在货架上等，都会影响需求，进而影响需求预测、ROP、订货量或 OUL。

从库存管理的角度出发，货架布局的另一个难点是，有时产品的需求隔天就会发生变化。比如，大多数人选择周末到杂货店去购物。并且，就算是工作日，在特定日期一些产品也会卖得更多。因此，前一天货架的最佳配置，也许到了第 2 天就不再适用了，但是零售商更改货架配置的频率偏低。比如，举个极端的例子，假设一家店卖得最好的肉桂卷的 90% 的销量都是在周六早上 6:00—12:00 这段时间完成的。如果按每周的平均需求分配空间，即足以满足每周销量的 14%，那么这家店的肉桂卷平均会在早上 7:00 之前卖光。相反，如果店铺分配的空间足以满足销量的 90%，那么一周内的绝大多数时间的空间都是被浪费的，因为不是所有商品的销量都如此不均衡。在进行零售店的库存管理时，一定要对此进行权衡。可以使用最优化方法来建模，使利润最大化 [18]。

零售店季节性商品的货架空间分配也是一个难题，因为为其分配的部分空间可能存放了一些主要商品的库存。一些零售店会为季节性商品保留空间，但是这类商品的需求量是随季节变化的。比如，到了某个节日，美国南方的居民对某个品牌的豌豆罐头的需求量很高。

有多种需求管理方法可以应对这种情况，比如促销展示，还可以把罐装食品区的其他商品的空间分给该品牌的豌豆罐头。这样，不仅该品牌的豌豆罐头，罐头区的其他很多库存单位的需求预测和库存管理也会受影响。如果没买到某品牌的豌豆罐头，人们一般可能不会因此离开这家店去往下一家店，但特殊季节的美国南部的居民就是会这样做。因此在做库存配置的相关决策时必须考虑缺货成本的变化。

参考文献

[1] Zinn, Walter, Michael Levy, and Donald J. Bowersox. " Measuring the Effect of Inventory Centralization/Decentralization on Aggregate Safety Stock: The Square Root Law' Revisited." *Journal of Business Logistics* 10.1 (1989): 1–14.

[2] Lee, Hau.L., Venkata Padmanabhan, and Seungjin Whang. "Information Distortion in a Supply Chain: The Bullwhip Effect." *Management Science* 43 (4)(1997): 546–559.

[3] Waller, Matthew A., Pratibha A. Dabholkar, and Julie J. Gentry. "Postponement, Product Customization, and Market–Oriented Supply Chain Management." *Journal of Business Logistics* 21.2 (2000): 133–160.

[4] Croxton, Keely L., Bernard Gendron, and Thomas L. Magnanti. "Models and Methods for Merge–in–Transit Operations." *Transportation Science* 37.1 (2003): 1–22.

[5] Waller, Matt, M. Eric Johnson, and Tom Davis. "Vendor–Managed Inventory in the Retail Supply Chain." *Journal of Business Logistics* 20 (1999): 183–204.

[6] Lee, Hau Leung, and Seungjin Whang. "The Whose, Where and How of Inventory Control Design." *Supply Chain Management Review* 12.8 (2008): 22–29.

[7] Stank, Theodore P., Patricia J. Daugherty, and Chad W. Autry. "Collaborative Planning: Supporting Automatic Replenishment Programs." *Supply Chain Manage–ment: An International Journal* 4.2 (1999): 75–85.

[8] Kahn, Kenneth B., Elliot N. Maltz, and John T. Mentzer. "Demand Collaboration: Effects on Knowledge Creation, Relationships, and

Supply Chain Performance." *Journal of Business Logistics* 27.2 (2006): 191–221.

[9] McCarthy, Teresa M., and Susan L. Golicic. "Implementing Collaborative Forecasting to Improve Supply Chain Performance." *International Journal of Physical Distribution and Logistics Management* 32.6 (2002): 431–454.

[10] Schonberger, Richard J. Japanese Manufacturing Techniques: Nine Hidden Lessons in Simplicity. *SimonandSchuster. com*, 1982.

[11] Hutt, Michael D., and Thomas W. Speh. "Realigning Industrial Marketing Channels." *Industrial Marketing Management* 12.3 (1983): 171–177.

[12] Waller, Matthew A., C. Richard Cassady, and John Ozment. "Impact of Cross–Docking on Inventory in a Decentralized Retail Supply Chain." *Transportation Research Part E: Logistics and Transportation Review* 42.5 (2006): 359–382.

[13] Stassen, Robert E., and Matthew A. Waller. "Logistics and Assortment Depth in the Retail Supply Chain: Evidence from Grocery Categories." *Journal of Business Logistics* 23.1 (2002): 125–143.

[14] Eroglu, Cuneyt, Brent D. Williams, and Matthew A. Waller. "The Backroom Effect in Retail Operations." *Production and Operations Management* (2012).Waller, Matthew A., et al. "Marketing at the Retail Shelf: An Examination of Moderating Effects of Logistics on SKU Market Share." *Journal of the Academy of Marketing Science* 38.1 (2010): 105–117.

[15] Dreze, Xavier, Stephen J. Hoch, and Mary E. Purk. "Shelf Management and Space Elasticity." *Journal of Retailing* 70.4 (1995): 301–326.

[16] Urban, Timothy L. "An Inventory–Theoretic Approach to Product Assortment and Shelf–Space Allocation." *Journal of Retailing* 74.1 (1998): 15–35.

[17] Broniarczyk, Susan M., Wayne D. Hoyer, and Leigh McAlister. "Consumers' Perceptions of the Assortment Offered in a Grocery Category: The Impact of Item Reduction." *Journal of Marketing Research* (1998): 166−176.

[18] Dulaney, Earl F., and Matthew A. Waller. "System, Method and Article of Manufacture to Optimize Inventory and Merchandising Shelf Space Utilization." U.S. Patent No. 6,341,269.22 Jan. 2002.

08

评估库存管理绩效的关键指标

如果把库存的本质看作对供应链运作和决策效率的反映，库存指标和绩效评测就是其中最重要的因素之一。比如，高德纳（Gartner）咨询公司发布了供应链排名前25的公司名单[1]，这些公司在供应链流程和战略方面都十分具有创新性和领导力[2]。高德纳40%的排行榜的评判标准都与库存直接相关。它所使用的关键绩效指标（Key Performance Indicators，KPI）之一是资产收益率（Return on Assets，ROA），这个指标能够充分反映公司的整体运营效率，计算方式如下。

ROA= 净收益 / 总资产

由于库存也是一种资产，一个公司的库存管理绩效会对其资产收益率产生直接影响。当其他条件不变，减少库存将会减少总资产，进而提高资产收益率。

除此以外，高德纳使用的KPI还有库存周转率。库存周转率经常被用来评估公司库存管理的整体效率，计算方式如下。

库存周转率 = 销货成本 / 平均库存

一般来说，库存周转率越高，意味着公司库存的折旧率、缺货率和库存持有成本越低。因此，库存周转率这个指标经常被用来监控公司的库存管理是否适当。当然，周转率过高容易导致缺货。

总的来看，高德纳认为库存对于衡量公司整体供应链的绩效和活力是很有价值的。高德纳对于库存的重视与其他许多供应链绩效的评估框架，尤其是与财务相关的定量评估框架不谋而合。由于库存管理的复杂性（通过本书的学习可知一二），库存相关的指标通常是评判一家公司的供应链管理是否属于“好”或“行业最好”级别的首要出发点。

之后我们会重点讨论几个用于评估公司库存管理绩效的关键指标。这些指标采用的角度不同，适用于不同场景。然而，它们又存在相同之处，即它们都将库存与公司整体的财务活力相联系，并能用于特定行业内公司之间的基准比较。

权衡分析

或许开始讨论库存管理绩效指标的最好方法是将其融入前后的流程中。库存是一个公司供应链管理绩效的关键方面，除了库存以外，与库存管理相关的还有其他几个相互联系的领域。比如，运输就是供应链中的一个重要环节，也是产生成本的一个重要因素。有趣的是，由管理决策而导致的库存绩效变化经常会影响运输成本和绩效。这个就是“权衡”[3]的概念。

在讨论库存绩效指标时，权衡是一个重要话题，库存决策的净效果才是我们最终需要关心的“真正”的绩效指标。假设一个决策减少了库存成本和持有相关成本，但为了维持服务水平，增加了运输成本。库存相关的成本减少了，“真正”的成本减少了吗？实际上，这取决于所增加的运输成本的数量级及减少的库存成本是否足以抵消这个增量。因此，在测量库存绩效时，库存相关的权衡问题十分重要，因为库存绩效的提升总是会产生一个净效应。下面我们就来简单讨论一下这些权衡问题。

库存和运输的权衡问题

运输成本一般会随着运输量的增加而降低，运输过程的运营成本可以因此得到分担。整车运输（Truck-load，TL）和整箱运输（Full container-load，FCL）一般会比非整车、非整箱运输更便宜。这个概念本身很好，但是还必须考虑库存成本。[4]

在很多时候，需求量是不满整车或整箱的。因此，使用 TL 或 FCL 必然会产生库存相关成本。这就出现了一个权衡问题。首先，许多公司使用合并运输的方法来尽量装满整车或整箱。很多时候，一批货物需要暂缓装运，等待与目的地相同（或相近）的另一批货物合并。有时等待时间甚至以天计（而不是以小时或分钟计）。结果就是，为了减少运输成本，库存持有成本增加了。与此类似，零售商经常为了获得内部运输的成本效益而从供应商那里订购整车 / 箱的货物。然而需求经常比订货量少很多，这导致为了节省运输成本而产生了更多的库存持有成本。

反过来也是有可能的。精益运营的一个关键就是“少量多次运输”（smaller, more frequent shipments）。很显然，这样做能降低库存成本，因为产品的运输频率提高了，也因此可以在整个供应链系统中流动，持有的库存就变少了。库存绩效指标可能会全部向好，这也是精益运营受欢迎的原因之一。然而，很显然这里也是存在权衡问题的。少量多次运输和“大量”运输相悖，而我们之前讨论过，后者是可以降低成本的。因此，库存成本减少，运输成本就会增加。这个权衡问题十分重要，尤其是因为在供应链管理中，库存成本和运输成本占总成本的比例很大。所以，减少库存成本是件好事，但前提是其不会被由此增加的运输成本所抵消。不能过于“精益”了[5]。

产品种类和库存的权衡问题

市面上一共有多少种可口可乐？显然，回答这个问题需要花费一些时间，因为可口可乐内含不同的甜味剂、咖啡因水平和添加剂。实际上，问这个问题并不是想要一个准确的答案。回答为什么可口可乐会有如此多的版本才是关键。

顾客的喜好不同，公司会因此而生产不同的产品来迎合顾客的不同口味。增加产品种类经常被认为是一种增加收入的战略，因为更多的产品种类能满足更多的特定需求，产品在当前和未来的销量就会增加。由于简化和标准化产品有较大的成本效益[6]，很多公司因此倾向于大批量生产，而放弃了产品种类多样化的好处。多样化的产品种类意味着需要更多库存来维持服务水平，因为库存单位[7]增加了，对应的产品也要增加。

因此，考虑到销量和服务机会流失的潜在可能，简化产品种类的好处就不可忽视了。诚然，简化产品种类有助于减少库存成本、增加效率，但这些绩效收益能抵消丰富产品种类所带来的收入增加吗？在规划服务水平和产品战略时，这个权衡问题持续困扰着包括可口可乐在内的许多公司。

批量生产和库存的权衡问题

之前提到过，厂商倾向于批量生产。批量生产的流程更好把控，单位产品成本更低，整体效率更高。但这种方式也存在问题，那就是需求常常比生产的量少很多。因此，为了充分利用批量生产的好处，公司经常不得不持有更多库存来为顾客提供服务。比如，当库存绩效指标显示出管理决策存在缺陷且低效（如低周转率）时，就必须考虑这一权衡问题。

看似低迷的库存水平可能产生的净效应是生产成本降低，由此可以抵消库存周转速度减慢所产生的成本。

库存绩效指标类型

前面已经提到过，库存绩效指标应该被代入前后的流程中讨论，现在我们来讨论一些用于评估库存管理效率的关键指标。相关指标有很多，因为不同行业、不同情景下的库存相关指标通常是不同的。比如，零售业经常使用库存毛利回报率[8]（Gross Margin Return on Inventory Investment，GMROII），这个指标被用来评估公司将库存转换为库存成本以外的现金的能力，计算方式如下。

GMROII = 毛利 / 平均库存

结果大于 1 则说明公司库存的销售额大于成本。这个评估库存绩效的指标可以被任何公司使用，在零售业尤为流行。因为产品或地理位置不同，利润和库存周转率的差别很大，许多零售商使用这个指标来评估产品线或处于某地理位置的店铺的长期收益率。从更广泛的意义上说，这个例子是想强调，有时候不同情景、不同行业使用的库存指标可能是不同的。

4V 模型

一种讨论库存指标的方法是不那么关注实际指标（因为种类太多了），而是关注使用该指标的意图和目的。其中一个有用的框架叫作 4V 模型，它把库存指标根据使用目的分类：数量（Volume）、价值（Value）、速度（Velocity）和误差（Variance）。

库存数量指标

库存数量指标关注一家公司拥有多少库存。这类指标一般是以库存单位计量，以表示可用的实体库存。因此，一家公司的原材料、成品、中间品的库存单位数量都属于库存数量。此外，许多公司会将库存单位转换为“总质量”来表示。这种表示方法在需要考虑运输的路由和调度方案时尤其有用。

除了绝对数量，很多公司还会使用相对数量，也就是预计现有库存的数量。缺货率[1]（Percentage Out-of-Stock）能够用来估计可用库存的数量。

$$缺货率 = 缺货的库存项 / 库存项 \times 100\%$$

必须要注意，其中的库存项不一定是产品单位，通常是库存单位。所以，这个指标量化了缺货库存单位的百分比——也就是可用库存数量占应该可用的库存数量间的比例。

库存价值指标

库存价值指标强调库存的两个方面。第一，该指标可关注库存的美元总价值和总成本。这些指标通常以美元为单位，用来评估库存投资的总金额。比如，一个常用的指标是平均库存（Average Inventory），计算

1　注意：这个指标和 PPIS 的区别，在第 2 章已经讨论过。

方式如下。

平均库存 =（期初库存 + 期末库存）/2

使用这个简单的计算式就可以估算一个公司拥有的长期而非一两个月的库存。平均库存也经常被用来和收入进行比较。许多公司经常会计算出年初至当前的平均库存，然后将其与年初至当前的收入进行比较，看需要多少库存投资才能够维持现有的销售水平。

这个指标也经常被用来比较不同时期的库存投资水平，以追踪可能发生的重大改变，维持公司的正常运营。库存价值的另一个方面是库存投资的效益价值——即投资库存能产生多少收益。之前我们在一个例子中使用了 GMROII 这个指标。GMROII 其实是一种价值指标，因为它表示的是公司从库存中获取的价值。

另一个表示公司库存投资收益的指标是销售额与流动资金比率（Sales to Working Capital，SWC）。这个指标表示产生销量所必需的流动资金。计算式如下。

SWC= 年度销售额 /（应收账款 + 库存 − 应付账款）

这个等式表明库存是影响该指标的关键。因此，该指标将库存投资价值、流动资金及销售额相联系，通常被用来进一步量化库存投资价值。和其他以美元为单位的指标不同，本指标用数值比表示。比如，如果一家公司的 SWC 为 3.1，就意味着流动资金中的每 1 美元就等于 3 美元的收益。换句话说，这家公司的流动资金大约占了销售额的 1/3。

当然，这个指标不仅仅涉及库存。很显然，比值越高越好。要提高这个比值，除了减少库存以外，还可以使用如增加销量在内的其他方法。这个指标经常被用来反映库存投资收益，但是它更像是一种综合的流动资金指标。因此，人们也经常使用库存销售比率（Sales to Inventory Ratio，SIR）这个指标，它的粒度更细，能够直接反映与库存相关的收益。计算方式如下。

SIR= 年销量 / 库存

另一种库存价值指标与公司的服务水平相关。库存可得性被用来评估公司库存对销售的支持情况。因此，诸如供应比率等和库存可得性相关、反映服务水平的指标，是库存投资价值的重要评估指标。

我们在第 2 章中已经讨论过，供应比率反映的是使用现有库存足已完成的订单比率。这是一个重要的库存价值指标，因为它反映了库存投资为公司产生收益的程度。根据分析的单位不同，供应比率的计算方式有很多种。比如，LIFR 反映了使用第 1 批货物完成的订单项占全部订单项的比率（和本书之前讨论的供应比率不同）。

该指标的计算方式如下。

LIFR = 使用第 1 批货物完成的订单项数 / 订单项数

假设客户下单订购 10 个产品（每个产品对应一个订单项）。现在，供应商发的第 1 批货中包含其中 8 个产品，几天之后的第 2 批货包含剩下的 2 个产品，LIFR 就为 80%。换句话说，在这个订单中，只有 80% 的订单项相关库存是能够产生即时价值的，因为另外 20% 订单项的相关库存是不可用的。

除了以订单项为单位的供应比率，还有以库存单位为单位的（使用第 1 批货物完成的库存单位数 / 库存单位数），甚至还有以美元为单位的（使用第 1 批货物完成的订单项对应金额 / 总订单金额）。

库存速度指标

最常见的库存管理绩效指标可能就是反映库存周转速度的指标了。我们在第 1 章中说过，库存情况经常被用来评估一家公司的供应链运营的整体健康和活力程度。鉴于供应链的首要目标是将产品送至客户手中，让库存转换为销售额，因此反映库存是否真正流动及流动速度的指标就显得十分重要。速度指标和客户接收及支付库存的速度有关。

库存周转率已经成了公司使用最多的评估库存管理效率的指标之一。正如之前所说，供应链咨询师和研究者经常使用这一指标来评估一家公司的供应链流程和运营的速度。计算方式如下。

库存周转率 = 销货成本 / 平均库存

其中，平均库存 =（期初库存 + 期末库存）/2。

对库存周转率最好的解释就是公司库存每年通过供应链网络流转或流通的次数。比如，如果库存周转率为 12，就说明库存平均一个月在网络中周转一次；结果为 4 就说明平均每 3 个月周转一次。通常的库存管理目标是通过增加每年的平均周转次数来提高库存周转率。低库存周转率意味着公司的库存过量，从而导致库存的周转速度较慢。

低库存周转率可能会限制公司的现金流，让公司错失获取更多收益的投资机会。另一个常用指标是库存天数（Days of Inventory On-Hand，DOI）。这个指标是库存周转率指标的另一个版本，以天数而不是比率作为单位。有好几种计算 DOI 的方法。

DOI = 365 / 库存周转次数

DOI = 平均库存 /（销货成本 / 365）

其中，平均库存 =（期初库存 + 期末库存）/2。

DOI反映了某产品或产品线属于现有库存的平均天数。如果现有库存的平均天数很少，公司的库存周转速度就很快，供应链就是高效运作的。并且，投入库存中的流动资金也会更少，公司就可以增加投入其他领域的流动资金。

另一个库存速度指标是现金循环周期（Cash-to-Cash Cycle,C2C），也称为现金转换周期（Cash Conversion Cycle），它反映了公司将库存一类的输入资源转换为现金流所花费的天数。它反映了净输入资金在产品售出并转换为现金之前的时间长短。C2C与库存销售时长（DOI）、收取应收款时长（应收账款周转天数）、支付应付款时长（应付账款周转天数）相关。计算方式如下。

C2C = DOI + 应收账款周转天数 – 应付账款周转天数

其中，DOI = 平均库存 /（销货成本 /365）。

应收账款周转天数 = 平均应收账款 /（销售额 /365）

应付账款周转天数 = 平均应付账款 /（销货成本 /365）

周期越短，资金捆绑在供应链中的时间就越短。当然，C2C不仅仅是一种库存指标，因为它不只反映了公司的库存管理绩效，还反映了公司处理应收和应付账款的效率。C2C又是一个格外重要的库存速度指标，因为它反映了库存从现金支出到现金收入的转换速度。

库存误差指标

误差指标用于评估库存记录的准确程度。因此，这类指标关注的是库存记录是否真实、准确地反映了公司的库存水平。误差指标基于周期计数和永续库存管理系统。因此，对库存记录的管理是持续性的，并且以部分实体库存盘点作为对照。

计算库存准确度并没有一种最主流的方法，但有一种最简单的方法：计算现有库存和记录库存之差。计算方式如下。

$$\text{库存误差} = \frac{|\text{盘点库存} - \text{记录库存}|}{\text{盘点库存}}$$

也就是用盘点的实体库存和记录库存之差的绝对值除以实体库存数。再将结果乘以 100% 就可以得到对应的百分数。比如，假设一家公司库存的定期盘点结果为 95，而每个库存记录显示有 100 个库存单位。库存准确度就等于 5/95，大约为 5%。

另一个计算方法是以美元为单位（即用盘点实体库存的美元价值和记录库存的美元价值之差的绝对值除以实体库存数的美元价值）。本方法甚至还有一个扩展版，即根据差值的正负为美元价值赋予相同的正负号。比如，假设一家公司库存的定期盘点结果为 100，库存记录显示有 95 个库存单位，每单位价值 5 美元，因此实体库存价值多了 25 美元，记为 +25 美元。如果库存记录显示有 101 个库存单位，那么实体库存价值少了 5 美元，记为 −5 美元。

总的来说，这些计算方法为公司提供了发现永续库存系统中库存记录误差的便捷手段。对于零售业来说，库存误差是一个特别重要的指标，它能严重影响销量的流失情况。并且，如射频识别（RFID）技术等更加先进的定期盘点技术能够提供即时数据，有助于检查库存记录的准确度并发现潜在的误差问题。

指标系统和框架

除了了解那些经常被用来评估库存管理绩效的指标以外，了解公司获取相关数据的方法也非常重要。由于彼此相互联系并且与供应链绩效相关的因素以及管理的库存数量、可用的库存指标数量众多，对指标进行追踪和监测是一个十分艰巨的任务。很多公司发现将管理框架应用于包括但不限于库存绩效等方面的监测是一个不错的方法。

例外管理法

例外管理法（Management by Exception，MBE）指对公司的财务和运营绩效进行审查，但只关注那些与预算或预计的指标阈值相差很大的结果。比如，补货经理可能会被要求向上级管理层报告那些缺货率小于 95% 的库存单位，或者被要求关注库存误差度大于或小于阈值 1,000 美元的情况。

很显然，MBE 主要就是管理商业活动中有关规划方向或结果的重要偏差。MBE 的优势在于，它比一般的管理方法所需要关注的财务和运营数据更少，因此效率更高。然而它的一个缺陷是，“例外”的判断是基于作为比较基准的预算或预计的指标阈值。如果阈值设定得不好，偏差的相关度就会很低，从而把人的注意力错误地转向那些不那么重要的管理方面。另外，使用 MBE 通常需要增设一个监测部门，因为可能需要一个责任方来专门关注和处理例外情况。

绩效指标仪表板和平衡计分卡

很多公司发现，为了更好地使用例外管理法，需要引入仪表板系统。绩效指标仪表板系统能够将 KPI（库存相关）可视化，并快速收集这些指标背后反映的问题。许多仪表板系统使用复杂的彩色编码技术来标注潜在的问题区域或例外情况。因此，管理人员就可以通过监测仪表板系统来对库存绩效实施例外管理。比如，仪表板可能会反映 LIFR 进入了“红色状态”，表明该指标已经低于一个被认定的可接受的水平。管理层可以就此制定一个解决该问题的策略，并调查潜在的问题根源。

另一个常用的绩效指标框架叫作平衡计分卡[9]（Balanced Score Card，BSC）。BSC 是一个使用广泛的绩效计划和管理系统，用于调整商业流程、活动，使其和公司的愿景、策略保持一致。其创始人卡普兰（Kaplan）和诺顿（Norton）表示，BSC 通过结合战略性的非财务绩效指标和传统的财务指标来监测 KPI 和公司战略方向的一致性情况，让经理和总监在监测公司绩效时获得更“平衡”的视图。BSC 通过将每个指标和目标值相比较，并形成一个简洁的报告来帮助相关人员进行例外管理。埃克森（Eckerson）[10] 认为，绩效指标仪表板系统和 BSC 概念的主要区别之一在于，前者追踪的是绩效，而后者追踪的是流程。实际上，BSC 也能够反映公司的愿景和使命，因为在计分卡的制定过程中，这两个方面必须作为制定基础。

虽然 BSC 这一概念最开始并不是用于供应链绩效评估的，但它已经成了众多公司用来表现供应链运营目标和绩效的框架。BSC 将绩效分为 4 类：财务、服务水平、内部商业流程、学习与成长。在供应链中使用 BSC 时，这几类绩效被用来追踪公司管理供应链的成本和服务的水平。因为库存成本占了供应链成本的很大一部分，对供应链的服务水平有着重要影响，在供应链管理的过程中使用 BSC 还能对库存绩效做出评估。

BSC 的财务绩效指标包括前面提到的好几种库存指标，如 SWC 和 GMROII。换句话说，库存绩效财务方面的指标属于 BSC 中的财务绩效指标范畴。

BSC 中的服务水平绩效则与公司服务客户及给客户留下正面形象的能力水平相关。因此，供应比率、取货率等库存相关指标就属于这一范畴，因为这些指标评估了公司维持库存水平以满足客户需求的能力。

关注库存准确度和速度的那些指标则属于 BSC 中的内部商业流程范畴。这类指标关注公司的运营管理水平及流程效率。因此，之前提到的库存指标都属于这一范畴，因为库存周转率和库存误差率等指标都能够反映公司的管理水平。

最后，BSC 还可以反映公司在创新、成长、提高等方面的投入。显然，这对于库存管理也是适用的，因为这个框架不仅能反映库存管理水平，还能反映其相对提升的水平。

总的来看，BSC 是一个公司用来组织库存绩效指标评估的有用工具。本章开头已经说过，有很多可用的库存绩效指标，并且像 BSC 这样的框架能够帮助公司确保指标与战略的相关性及一致性。

参考文献

[1] Ellram, Lisa M., and Martha C. Cooper. "Supply Chain Management: It's All About the Journey, Not the Destination." *Journal of Supply Chain Management* 50.1 (2014): 8–20. Greer, Bertie M., and Peter Theuri. "Linking Supply Chain Management Superiority to Multifaceted Firm Financial Performance." *Journal of Supply Chain Management* 48.3 (2012): 97–106.

[2] Ellinger, Alexander E., et al. "Supply Chain Management Competency and Firm Financial Success." *Journal of Business Logistics* 32.3 (2011): 214–226.

[3] Bliemel, Friedhelm. "Inventory Decisions by Trade–Off Analysis: A New Approach in Product–Oriented Marketing Strategies." *Journal of*

Business Logistics 1.2 (1979): 103–119.Sheffi, Yosef, Babak Eskandari, and Haris N. Koutsopoulos. "Transportation Mode Choice Based on Total Logistics Costs." *Journal of Business Logistics* 9.2 (1988): 137–154. Zinn, Walter, and Howard Marmorstein. "Comparing Two Alternative Methods of Determining Safety Stock Levels: The Demand and the Forecast Systems." *Journal of Business Logistics* 11.1 (1990): 95–110.

[4] Campbell, James F. "Designing Logistics Systems by Analyzing Transportation, Inventory and Terminal Cost Tradeoffs." *Journal of Business Logistics* 11.1 (1990): 159–179.

[5] Eroglu, Cuneyt, and Christian Hofer. "Lean, Leaner, Too Lean? The Inventory–Performance Link Revisited." *Journal of Operations Management* 29.4 (2011): 356–369.Hofer, Christian, Cuneyt Eroglu, and Adriana Rossiter Hofer. "The Effect of Lean Production on Financial Performance: The Mediating Role of Inventory Leanness." *International Journal of Production Economics* 138.2 (2012): 242–253. Eroglu, Cuneyt, and Christian Hofer. "Inventory Types and Firm Performance: Vector Autoregressive and Vector Error Correction Models." *Journal of Business Logistics* 32.3 (2011): 227–239.

[6] Waller, Matthew A., Pratibha A. Dabholkar, and Julie J. Gentry. "Postponement, Product Customization, and Market–Oriented Supply Chain Management." *Journal of Business Logistics* 21.2 (2000): 133–160.

[7] Stassen, Robert E., and Matthew A. Waller. "Logistics and Assortment Depth in the Retail Supply Chain: Evidence from Grocery Categories." *Journal of Business Logistics* 23.1 (2002): 125–143.

[8] Ingene, Charles A., and Robert F. Lusch. "The Declining Rate of Return on Capital in US Retailing." *International Journal of Physical Distribution and Logistics Management* 11.1 (1981): 25–39.

[9] Kaplan, Robert S., and David P. Norton. "Using the Balanced Scorecard as a Strategic Management System." *Harvard Business Review* 74.1 (1996): 75–85.

[10] Eckerson, Wayne W. "Deploying Dashboards and Scorecards." *The Data Warehouse Institute* (2006): 1–24.

致谢

有时我从凌晨 4 点就开始坐在起居室里写作，直到深夜，我的家人对此非常理解。我的妻子经常鼓励我继续写下去。

阿肯色大学山姆·沃顿商学院（Sam M. Walton College of Business at the University of Arkansas）的院长伊莱·琼斯（Eli Jones）既给予了我鼓励，也是我的榜样，《尽快出售》（*Selling ASAP*）就是他的作品。他的存在对于许多人来说是一大幸事。

听说我在写书，普拉山斯·博卡萨姆（Prashanth V. Boccasam）特别高兴，他是 Orchestro 公司的 CEO、Novak Biddle 公司的合伙人。这本书能够打破常规的部分原因是他勇于并乐于打破常规的行事风格。同 Orchestro 公司合作的经历对我来说是一笔财富，通过那次机会，我也为创造快消品和零售品分析领域的未来贡献了自己的力量。

过去的数年时间，我阅读了大量与库存理论相关的教科书，而后又让我的学生们学习这些书中的知识。以下这些书是我最喜欢的，也是让我收获最多的：《库存系统分析》（Prentice Hall，1963）、《库存管理基础》（McGraw-Hill，2000）、《库存管理和生产计划及调度》（Wiley，

1998）、《生产和运筹分析》（McGraw-Hill，2005）、《随机库存理论基础》（Stanford University Press，2002）。

我要感谢美国供应链管理专业协会，感谢他们为全球的经理人提供与供应链相关的培训。

感谢培生教育集团出版这本书。

——马修·沃勒

感谢美国供应链管理专业协会为大众普及物流和供应链管理方面的知识。感谢查德·奥特里（Chad Autry）博士，感谢他对我的支持和他的先见之明；感谢马修·沃勒博士，感谢他贡献的知识和智慧；再次感谢培生教育集团，是他们让本书能在各地出售。

——特里·埃斯珀